世界公认实用格斗术
——以色列国术

张 海 编著

北京体育大学出版社

策划编辑 力　歌

责任编辑 张　力

责任校对 韩培富

版式设计 联众恒创

图书在版编目（CIP）数据

世界公认实用格斗术 ：以色列国术 ／ 张海编著．－－北京 ： 北京体育大学出版社，

2020.11

ISBN 978-7-5644-3306-2

Ⅰ．①世… Ⅱ．①张… Ⅲ．①格斗－介绍－以色列　Ⅳ．①G853.82

中国版本图书馆CIP数据核字（2020）第018576号

世界公认实用格斗术——以色列国术　　　　　　　　　　　　张 海　编著

出版发行：北京体育大学出版社

地　　址：北京市海淀区农大南路 1 号院 2 号楼 4 层办公 B-421

邮　　编：100084

网　　址：http ://cbs.bsu.edu.cn

发 行 部：010-62989320

邮 购 部：北京体育大学出版社读者服务部 010-62989432

印　　刷：北京富泰印刷有限责任公司

开　　本：710mm×1000mm　　1/16

成品尺寸：170mm×240mm

印　　张：11

字　　数：168 千字

版　　次：2020 年 11 月第 2 版

印　　次：2020 年 11 月第 1 次印刷

定　　价：42.00 元

CONTENTS **目 录**

CONTENTS

关于以色列
KRAV MAGA

第一章

◀ KRAV MAGA 格斗体系的标识符号由希伯来字母"K"和"M"被一个开放的圆包围而组成，圆的开放表示不断容纳新的技术，不断改进训练方法。兼容并蓄，这应该是 KRAV MAGA 长盛不衰的根本原因。

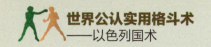
第一节　什么是 KRAV MAGA

KRAV MAGA 格斗体系是由以色列官方倡导、精心开发，并向包括军警宪特人员在内的全体国民全力推广普及的一套实战应用价值极高的近距离全接触自卫格斗体系。

KRAV MAGA 在以色列犹太民族语言希伯来语中的意思是"接触战斗"，即近身格斗的意思，中文译作"卡乌·马戈"或"克拉夫·马伽"。国际 KRAV MAGA 联盟（IKMF）中国官方网站上将其称作"马伽术"。

KRAV MAGA 不是一般意义上的武术，练习这种自卫格斗术，"自卫以求生"是其首要的宗旨。简单地说就是，当你在街头遭受歹徒或者武装恐怖分子的突然袭击时，你能凭借 KRAV MAGA 保证自己安然无恙。KRAV MAGA 这种自卫格斗术是植根于反对恐怖主义行为之中的，其在技术设计上具有明显的攻击性，它唯一的目标是用尽可能快的方式消除敌人对自身的威胁。

之所以说以色列 KRAV MAGA 格斗体系是一种与众不同的搏击形式，原因就在于它是适应练习者的，而不是让练习者来适应它。也就是说，练习者要把这种自卫格斗术建立在自己身体自然反应的基础上。在西方世界，当一个人遭受攻击的情况下，他有权力使用任何必要技术进行自我保护。出于这种原因，KRAV MAGA 没有固定的招数和套路，而是依靠连贯的本能动作完成防卫。

动作的简捷实用性是 KRAV MAGA 最重要的技术特点之一。KRAV MAGA 格斗体系认为，无论攻击动作还是防守动作，只有简捷才能做到易学易用。尤其是在面对利刃攻击或者手枪威胁时，不论对手攻击你什么身体部位，你都应该在第一时间做出反应，自如地运用你的技术来应对。事实上，KRAV MAGA 的格斗技术动作都是经过精心选择和推敲的，在编排这些技法时强调简捷快速、短促实用，忌讳繁琐与华而不实。教练员在教授给学员时也是求精而勿贪多，强调用大量的时间和精力来磨炼这些在实战中依靠身体本能就可以随欲而用的基本动作，让最有效的防卫方式成为人的本能性反应。

繁杂拖沓的动作往往无法收到预期效果，只有简单快速的动作才是取得胜利的法宝。短促、简捷、易学易练的特点，使它更适合于男女老幼不同年龄和职业的人群。

除了力求简捷以外，练习 KRAV MAGA 的另外一个重要理念就是要全面训练。在训练过程中，教练员会模仿各种攻击模式和现实场景，教授学员如何应对危急情况，处理复杂局面。内容包括肢体攻防技术、近身缠斗技术、地面打斗术、徒手防御刀枪棍棒攻击，以及如何以寡敌众、解救人质等。同时还会告诉你很多与实战相关的原理，比如战术应用、格斗心理，以及如何利用当时环境使自己处于有利地位等。

再者，KRAV MAGA 把自卫格斗术训练的基本原则定义为"无规则"法则。其招式根据人的直觉和本能反应而生，攻击敌人容易受伤的部位，务求能够成功自卫和击败敌人。KRAV MAGA 要求受训者在抗暴护身时首先要记住一点，就是为取胜而做各种可能做的事情。在与暴徒拼搏时，只要能打败对手，可以不择手段。除了可以应用常规的踢、打、摔、拿技术外，用嘴咬人，用手指抠人眼睛，用头撞山，用膝盖和肘关节攻击等一切以生存为目的的动作都是被允许的。像公文包、椅子或钥匙等日常生活用品也都能作为很好的武器，运用于进攻和防守中。

总而言之，KRAV MAGA 是在极端暴力的历史背景下形成，并随着现代搏击技术和自卫格斗术的发展而发展。这套格斗体系更适用于战场上的肉搏或者街头的厮打，所以被世界格斗界公认为实用全面、易学易练的优秀综合防卫技术。

第二节　KRAV MAGA 的起源与初创

KRAV MAGA 最早起源于军事格斗术，并在 20 世纪最为惨烈的纳粹主义破坏活动与第二次世界大战及中东战争中经受过磨炼和考验。

其创始人公认是以色列人艾米·里奇费尔德（Imi Sde-Or，1910—1998），他是以色列杰出的拳击手、摔跤手及格斗专家。作为一名出色的运动员，他在游泳和体操方面也颇为优秀。

20 世纪 40 年代末，里奇费尔德担任以色列国防军徒手格斗和健身训练的首席教官。在这一时期，他以多种以色列自卫格斗术体系以及几种亚洲格斗体系中的技术为基础，采用科学的方法研究了人们在各种攻击面前的本能反应，然后根据这些自然反应，严格检验各种技术的实用价值，只保留了那些在强大压力下仍

▲以色列格斗术 KRAV MAGA 创始人艾米·里奇费尔德，1910 年 5 月 26 日出生在布达佩斯的一个匈牙利家庭

然能够发挥作用的技术，由此设计创立了 KRAV MAGA 系统，并应用于以色列的军队训练中。

正是因为这些贡献，里奇费尔德被格斗界誉为 KRAV MAGA 的开山祖师。

里奇费尔德是在有雕塑之都美称的现斯洛伐克首都布拉迪斯拉发长大的。当时他不但是重量级拳击冠军、顶级摔跤手，还是柔道专家。

他的父亲塞缪尔·里奇费尔德曾是一名摔跤手、特技演员，后来加入了市警察局，并因格斗技能出众而很快被擢升为侦察总长。也许是遗传基因的作用，里奇费尔德很早就显现出了格斗天赋，他继承了父亲对格斗运动的那份执着与热情。父亲在给侦探传授警用自卫战术的同时，也把这些战术教给了儿子。里奇费尔德十几岁就系统地参加了游泳、拳击和摔跤训练，并于 1928 年先后赢得了捷克斯洛伐克摔跤少年组冠军和全国拳击锦标赛冠军。

里奇费尔德的成长环境非常恶劣，到处充满了暴力活动、滥用法律以及凶残的街头斗殴。随着第二次世界大战前期的法西斯势力活动猖獗，里奇费尔德不断卷入街头巷尾的搏斗，通常都是为了保护犹太人不被欺辱而与身强力壮的法西斯匪徒们或当地的纳粹主义者打斗。通过屡次实战验证，他深刻地领悟到，你死我活的打斗与赛场竞技根本不是一码事，在完全无规则的肉搏中，那些在学校和拳台上掌握的技术并不管用。

第二次世界大战全面爆发以后，里奇费尔德所在的国家已沦为纳粹德国统治之下。1942 年他被迫加入数以千计的犹太人行列逃离了欧洲，并以非法移民的方式抵达了中东的一个地区——当时被称之为巴勒斯坦的地方（也就是后来的以色列）。在航行途中，由于机械故障他们放弃了所搭乘的船只。在海上漂泊时，里奇费尔德的耳朵严重感染，无医无药。万幸的是他被一艘英国船只营救上来并被带到了埃及的亚历山大港，在那里他得到了有效的治疗，得以康复。最终他获得了居留权，并利用自己的特长为英军统辖下的军队效力。当时英美部队中都有相当数量的犹太人，他们随着盟军征战北非，反攻欧洲大陆，攻克鹰穴。也有部分犹太人加入了英国情报机关，空降敌后指挥犹太地下抵抗组织，协助盟军在沦陷区袭击德军。整个"二战"期间，仅盟军伞兵部队中牺牲的犹太人就多达3212人。里奇费尔德被以色列特种兵之父萨德阿吸纳参加了地下抵抗武装哈嘎纳（Hagana）游击队——以色列国防军（IDF）的前身，积极投身到反法西斯活动中，经常游走活动于叙利亚和利比亚一带。

"二战"期间，整个巴勒斯坦地区（包括以色列）都被英国占领，当时纳粹德国在北非基地的战机极度缺乏汽油，基地东边就是阿拉伯油田，中间势必要经过英国占领下的巴勒斯坦。英国人担心德国军队会占领巴勒斯坦，犹太人也担心家门口发生大规模的毁灭性战争。幸运的是，由于历史留下的犹阿争端，英国人于1941年5月14日同意犹太人组织成立第一个正式的以色列特种军队。因为里奇费尔德的身世背景及专业能力，很快他就被长官指派专门负责传授新兵徒手格斗技术，他的格斗风格也正是在这一阶段逐步形成的。

到了1944年，里奇费尔德已经在游泳、近身格斗和身体素质等各方面对犹太士兵进行了训练，不过当时大家练习的格斗术并不叫KRAV MAGA，而是被称之为KAPAP（卡帕扑），意思是"面对面的格斗"。它与现在世界流行的KRAV MAGA格斗体系还是存在很大差异的。

KAPAP并不是单纯的技击术，而是由严格的身体训练、轻武器与爆破训练、无线电通信、野外生存、战争救援和外语指导等构成的复合体。肉搏战的课程主要是围绕拳击、古典式摔跤、英国军刀和军棍的训练。里奇费尔德是使用棍棒做武器的专家，由于当时许多犹太士兵都缺少枪械，这门课程就成了日常军事训练的重要内容。

第二次世界大战和一系列独立战争结束后，1948年5月15日，犹太

▲艾米·里奇费尔德教授学员短棍攻防技术

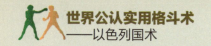
临时政府单方面宣布成立以色列国，迫于当时的政治形势，以色列建国不久就与邻国发生了战争，而以色列士兵则都是刚刚应征入伍、毫无作战经验的新兵，并且兵源素质参差不齐。鉴于这点，以色列军方急需一种易学好记且行之有效的徒手格斗术。里奇费尔德只好给这些新兵教授一些在格斗中靠本能就用得上且更加简单实用的格斗方法。KRAV MAGA 就是在这种特殊环境和艰苦条件下应运而生并初具雏形的。

由于具备格斗能力成为以色列军队士兵所必须面临的、实实在在而又时间紧迫的现实需求，里奇费尔德创编的 KRAV MAGA 格斗体系在其传授过程中，摒弃了非实战格斗本质的浮华内容，通过一段紧凑而又讲究实效的短期培训，赋予每个士兵全面的身体竞斗能力。他的格斗术与比赛中使用的技术有了质的区别，他对许多格斗动作进行了大胆革新。正是这些革新，使格斗术由获取竞技胜算的手段升华为保全生命和制敌获胜的武器。这也正是日后艾米·里奇费尔德这个名字之所以能够蜚声世界的重要原因。

KRAV MAGA 这种自卫格斗术最初应用于以色列特种作战部队训练，后来它逐渐成为以色列军事人员、警察和安全部队的正式搏击训练项目。从此，众多热爱这门格斗技术的技击专家开始研究、改进并不断发展这种格斗术。现在，KRAV MAGA 格斗技术在全球范围内被广泛应用于执法、特种作战以及平民百姓自卫防身等领域。

▲ 服役于以色列军事部门时的艾米·里奇费尔德

1945 年德国法西斯投降，第二次世界大战结束，里奇费尔德又在军中服役近 20 年，一直从事军事教学工作，在此期间他一直致力于徒手格斗和自卫格斗术的改进工作。1964 年他离开了军队，尽管里奇费尔德已经退休，但在温格特体育与运动学院（the Wingate Institute for Physical Education and Sport），他依然是公众瞩目的人物，他的身影随时都会出现在那里。在这所体育与运动学院里，人们就像尊敬长辈一样尊敬他。每一个人都知道是里奇费尔德把格斗带进了部队，而且他所做的一切都是极有意义的，人们都尊崇他为以色列军事格斗的鼻祖。

在当时，"KRAV MAGA"是非常大众化的以色列词汇，可以被用来指任何一种军队中使用的肉搏战技术，很像如今人们可以称任何一种亚洲自卫武术体系为"功夫"一样。

退役后的里奇费尔德坚持不懈地改进他编创的这套格斗体系，使之更加完善、成熟，以便民众学习和使用。原则就是，形成一种适用于男女老少，在其受到攻击或者生命受到威胁时，可以在保证遭受最小侵害的情况下完成自救的自卫格斗术。他已在内塔尼亚创建了世界上第一所专门传授 KRAV MAGA 格斗技术的私立训练中心，以满足民众学习格斗术的需求。随后，里奇费尔德又被政府任命为以色列国防军 KRAV MAGA 及体育军事学校的首席教官，并在这一职位上持续工作了将近 20 年。

▲艾米·里奇费尔德晚年依然言传身教，为学生示范防御枪支威胁技术

里奇费尔德在他的晚年，仍然对学生们进行言传身教。其伟大的人格魅力及独一无二的优秀品质不停地感染激励着他的学生。

里奇费尔德，于 1998 年 1 月 9 日逝世于以色列内塔尼亚，享年 88 岁。

第三节　KRAV MAGA 的体系形成与完善

1973 年底，64 岁的里奇费尔德在温格特体育与运动学院执教时，遇到了同样被派往该校执教的军事格斗专家莫尼·艾兹克（Moni Aizik）。他们双双被军方委以重任，负责制订和完善对士兵进行徒手格斗训练的计划。

当时，以色列军方正在寻求一种高效的近身格斗技术，以期提高其精锐特种部队的作战能力。莫尼·艾兹克作为军事格斗界的翘楚，被当局要求参与这项工

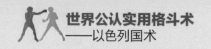

作。他之所以会被指定完成这一任务，主要是因为其过人的格斗背景。

艾兹克是土生土长的以色列人，就如同以色列沙漠上的仙人球一般外强内柔。尽管他是一名优秀的格斗专家，但是人们对他的评价却是，艾兹克是个生活极为严谨，说话声音温和，眼睛时时露出和善目光的人。

6岁时，艾兹克举家迁至荷兰。8岁时，他的父亲认为他是一个极具武术天赋的孩子，便将他送入一家武术培训班开始练习柔道和柔术。在阿姆斯特丹长达9年的时间里，他在荷兰教练奥派·施耐德（曾在黑带八段平野土岐奥门下学习过柔道、柔术，而平野又是柔道创始人嘉纳治五郎的学生）的专业指导下系统地学习了柔道、柔术，为他的格斗生涯奠定了坚实的基础。15岁时，艾兹克随家人回到了以色列。之后，年轻的艾兹克加入了以色列柔道国家队的青年组，征战于以色列及欧洲达7年之久。其间，他共赢得7次冠军，包括以色列全国冠军。18岁，到了服兵役的年龄，他圆了所有以色列人的一个梦想——当了一名人人羡慕的伞兵，并服役于以色列最受尊敬的特种反恐与情报部队。经过了5个月的步兵训练、1个月的跳伞训练以及8个月的艰苦卓绝的特战队训练，他晋升为军官，此后他接受升职并开始了帕哈德军官课程的学习。训练的内容包括实战指挥、军事理论、军事管理、以色列国防史、强身体操、水陆作战演练、山地作战、沙漠求生、敌后渗透、制敌术等诸多课程。

1973年10月6日，埃及和叙利亚分别从南部和北部同时进入以色列的边界，犹太人称其为"赎罪日战争"，而阿拉伯人因为他们的目的就是摧毁以色列政权，故称其为"歼灭战"。在这次战役中，22岁的艾兹克受了伤，在医院里度过了4个月的时间。这一次他不仅亲身经历了历史，也把他自己的名字留在了历史卷册中。

1973年10月22日，苏联和美国联合发表了一份停火声明，10月28日战争才算是正式结束。

这场战争的教训之一就是，战士需要接受系统的肉搏训练，内容既要易于学习，又要有相当的攻击性。就在当时，即便艾米·里奇费尔德已在1968年创造出了名为KRAV MAGA的军事格斗操练体系，但是以色列国防军的近身格斗实战训练依然没有达到标准化训练程度。

战争结束后，艾兹克已伤病痊愈了。1973年底，他再次得到任命，由于格斗方面的卓越成绩又亲身经历了战斗过程，艾兹克来到温格特体育与运动学院。在那里，艾兹克和64岁的退休军官里奇费尔德受命为战士们开设肉搏战术课程。

当艾兹克与里奇费尔德合作创编一套更加纯正的徒手格斗术计划时，由于拥有丰富的实战经历，艾兹克很快就在实践中确定了自己所学的技术的实用性。在创造新的格斗体系过程中，艾兹克采用了科学的方法来严格检验各种技术的实用价值。同时，艾兹克发现里奇费尔德擅长拳击和摔跤，但并不精通柔术，便向他提议将一些实用的柔道或柔术元素加入 KRAV MAGA 里。里奇费尔德坦诚地采纳了艾兹克的建议，并很快地把他所提出的多种技法都用到测试中。

当时，里奇费尔德的一个学生叫爱德蒙·伯兹戈勒，在特拉维夫开设了一所武士道武术学校。在武士道武术学校和温格特体育与运动学院这两个地方，艾兹克与里奇费尔德共同分析论证了新课程中 KRAV MAGA 可行的每一个打斗方式。他们一致认为这套体系应该是高效速成、简单实用的。他们每天都对各种技巧进行探讨来决定哪些才是最好的，在将其正式编入教学手册之前，对每一个技术动作都进行了 40 ~ 50 次试验。

艾兹克是这样评价里奇费尔德和他们从事的工作的："和艾米一块工作是非常有意义的事，与他共事非常快乐，他是一个非常有魅力的人。我们很喜欢我们从事的工作，那是非常伟大的课程。"

当这套技术最终定型后，两人即开始讨论它的名称问题。艾兹克想使用 KAPAP 一词，但里奇费尔德认为应该继续沿用 KRAV MAGA 这一名称，里奇费尔德希望它能更简单些。所以从那时起，KRAV MAGA 多用于国防军，KAPAP 则更多见于特种部队。

这样，KRAV MAGA 就变成了以色列军体格斗术的正式名称。在当时，从来没有人会想到有一天它会拥有今天这般广泛流行的景象。对艾兹克来说，能参与这套技术的编练只是将它当作一项轻松的任务，同时也是将他的格斗技术融入其中的一个美妙机会。不善言辞的艾兹克作为一名绅士，从来没有因为里奇费尔德因此获得所有的殊荣而有过一丝的抱怨。

经过对以色列格斗术长达 9 个月的改良，艾兹克被任命前往军队的体育部报到，通知他专门负责设计特殊情况下的课程。

1975 年现役期满之后，艾兹克创办了一所叫特拉维夫迈克比（Macabee）的面向平民的格斗学校，主要讲授柔道、柔术及徒手格斗术，教学期间，他对 KRAV MAGA 进行了更深层次的改进。除了必要的课程之外，他也教授那些里奇费尔德不愿融进 KRAV MAGA 体系的东西。他在里奇费尔德 KRAV MAGA 体系

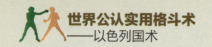

的基础上增设了徒手夺刀技术、枪械威胁防御技术、女子防身术以及一些如何利用身边物品有效打败攻击者的技击方法。

1976年，艾兹克专程奔赴日本深造柔道及桑搏。在随后的几年里，他又去过6次，每次一待就是四五个月。其孜孜不倦的学习精神，令人深感敬佩。

回到以色列以后，他推荐女柔道家耶尔·阿拉德参加国际比赛，在1992年巴塞罗那奥运会上，阿拉德赢得了一枚银牌，夺取了以色列历史上的第一枚奥运会奖牌。紧接着，她又摘得了欧洲柔道比赛的金牌和1993年世界柔道锦标赛的银牌。艾兹克慧眼识才，功不可没。

1986年艾兹克离开了以色列，搬到多伦多定居，开办了当时堪称北美最大的格斗学校（撒姆莱俱乐部）。在这里他培养了一大批格斗高手，他最引以为豪的学生是卡洛斯·牛顿，曾夺得世界终极格斗赛冠军，是当时世界170磅级别的顶级高手之一。另一名亲传弟子乔尔·杰克逊，也曾3次获得加拿大中量级柔道冠军。另有许多弟子在各类格斗学校、武装强力部门任教。这些人为KRAV MAGA格斗体系在世界范围内的推广和普及作出了极大的贡献。

1998年，艾兹克卖掉了他的学校，成为了一名私人教练，开始了个人专门单独培训教练的工作，偶尔他还会应邀回到以色列去指导精锐特战部队的徒手格斗训练。2004年，他又在多伦多开办了一家格斗健身馆（夺刀克敌学校），在这里有10个教练讲授徒手格斗术、柔道、自由搏击和野外生存等内容。

值得一提的是，艾兹克在解释他为什么不习惯使用"KRAV MAGA"一词的原因时说，"KRAV MAGA"这个词已经太政治化了。然而有趣的是，在 *BLACK BELT* 等众多格斗杂志上介绍艾兹克的格斗技术时，仍然将其冠名为"KRAV MAGA"。艾兹克自己录制出版的教学片也都命名为"COMMANDO KRAV MAGA"。

▲莫尼·艾兹克在世界各地全力推广 COMMANDO KRAV MAGA

现在，KRAV MAGA 在世界范围内被广泛应用于执法、特种打斗以及平民百姓自卫防身等。莫尼·艾兹克为 KRAV MAGA 的振兴无疑是作出了巨大贡献的，这一点在以色列格斗界也是得到公认的。

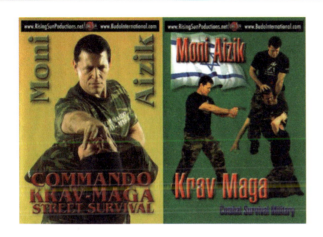

◀ 莫尼·艾兹克出版了大量关于 KRAV MAGA 的视频教学片，对于这项格斗技术在世界上的推广和普及作出了巨大的贡献

第四节　KRAV MAGA 的发展现状

1964 年，艾米·里奇费尔德从以色列国防军退役后，仍然坚持不懈地向国内外民众传授这种自卫格斗术，不断地完善 KRAV MACA 的各种技巧。

1978 年，里奇费尔德和他的学生们成立了以色列马伽术协会（Israeli Krav Maga Association，IKMA），其活动主要在以色列内部。

自此，KRAV MAGA 便成为以色列国民教育系统中非常重要的一部分，在教育部所属的公立学校和教育中心都开设了 KRAV MAGA 训练课程。当然，如果条件允许的情况下想进一步深造，人们还可以进入世界上最好的体育健身中心——以色列国家体育与运动中心的温格特体育与运动学院继续深造。在以色列体育和教育部门的赞助下，以色列民众不论男女老幼，能力高低，都可以学习这门技艺。它是以色列国防和安全部队、警察与特警、安全反恐机构人员都必须掌握的生死搏杀和自卫防身技能。

后来，由于在推广 KRAV MAGA 问题上内部意见不统一，导致 IKMA 分裂，IKMA 很难继续有效地发挥作用，并面临解体。同时 KRAV MAGA 也开始向以色

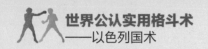

列境外地区传播，里奇费尔德发现急需创建一个国际性组织。在他最忠心的学生们和其他有声望的教练们的帮助下，里奇费尔德又建立一个新的组织，这就是国际马伽术联盟（International Krav Maga Federation，IKMF），总部位于以色列，主要致力于 KRAV MAGA 的发展创新以及国际推广。

自从 IKMF 成立后，所有的专家（Expert）、大师（Master）级别证书都是在里奇费尔德的授权下，由 IKMF 颁发的。从 1996 年起，IKMF 获得了飞速发展并成为当今世界上最大最受欢迎的 KRAV MAGA 组织，并且不断成功地在世界各地建立分部。目前 IKMF 在全球 50 多个国家和地区都设有分部，而且考试晋级制度非常完善，IKMF 教练执照也是全球通用。

需要说明的是，IKMF 成立以后，IKMA 仍然存在，主要是在以色列国内进行相关推广普及活动。

随着世界各国经济文化的频繁交流，在众多以色列 KRAV MAGA 格斗专家们的不懈努力下，KRAV MAGA 的传播早已超越了国界限制。当今世界各地许多人都加入到学习 KRAV MAGA 的行列，不论是在社区中心、学校操场，还是在健身俱乐部，都可以看到练习这项技术的人。因为 21 世纪的人们更加注重如何用各种方法来保护自己，避免遭到身体上的伤害，所以简单易学、效果突出的 KRAV MAGA 当然是首选。

在拥有大量以色列移民的美国，许多地方执法部门、联邦机构和其他特别行动组织机构，如联邦调查局，药物管理局，酒精、烟草和枪械管理局，毒品管理局，财政部，移民局，中央情报局，海岸自卫队都把 KRAV MAGA 引入到它们的日常格斗训练里。KRAV MAGA 运动在美国民间也十分普及，名家辈出，全国拥有许多家 KRAV MAGA 研修机构，其中最大的机构是一家叫作 Krav Maga World Wide（KMWW）的类似一个公司结构的组织，由几名以色列人于 1999 年注册成立，总部位于美国，在全球各地设有许多分部，在美洲地区具有一定影响力。

2010 年，又有一家名为 Krav Maga Global（KMG）的国际性组织成立，也着重面向全世界进行 KRAV MAGA 格斗术的推广与普及。

这些 KRAV MAGA 国际机构在推广普及这项运动过程中，组织众多以色列专家拍摄录制了大量的视频教学片，编撰出版了大量图书和教材。其中最具代表性的有：

Imi Sde-Or 和 Darren Levine 合 著 的 *Krav Maga: How to Defend Yourself*

Against Armed Assault；David Kahn 编 著 的 *Krav Maga: A Complete Guide for Fitness and Self-defence*，*Advanced Krav Maga: The Next Level of Fitness and Self-Defense*，*Advanced Krav Maga: The Next Level of Fitness and Self-defence*，*Krav Maga Weapon Defenses: The Contact Combat System of the Israel Defense Forces*；Mark Slane 编著的 *American Krav Maga*，*Krav Maga for Law Enforcement*；Darren Levine 主编 的 *Complete Krav Maga: The Ultimate Guide to Over 230 Self-Defense and Combative Techniques*，*Krav Maga for Women: Your Ultimate Program for Self Defense*，*Black Belt Krav Maga: Elite Techniques of the World's Most Powerful Combat System*，*Krav Maga for Beginners: A Step-by-Step Guide to the World's Easiest-to-Learn*，*Most-Effective Fitness and Fighting Program*；Richard Douieb 编 著的 *Self-Defense Krav Maga*。

世界诸多平面、网络、电视媒体也纷纷关注这门以实用性突出著称的格斗术。美国著名的历史频道（The History Channel）从 2007 年开始陆续播出一档名为《人体武器》的武术寻根节目，其中第七集就是《以色列国技 KRAV MAGA》。探索频道（Discovery Channel）制作的《格斗全天下》系列片也用了 45 分钟（一集）的篇幅着重介绍了以色列的 KRAV MAGA 格斗术。

如今 KRAV MAGA 在全球的知名度与影响力与日俱增，目前，全球大约有近百万人正在学习这种格斗术。

值得我们高兴的是，近午来也有大量 KRAV MAGA 组织机构和以色列格斗专家来中国传授这门格斗技术，在北京、上海、深圳、哈尔滨、西安等地的许多拳馆中都开设了 KRAV MAGA 训练课程。2012 年，国际马伽术联盟在中国也开设了分支机构（IKMFCHINA），并且开始面向社会招收学员、培训教练，该机构于 2013 年 7 月在国内举办中国第一届马伽术研讨会，标志着这项优秀的格斗运动已经在中国落地开花了。

▲ IKMA 相关网站（网址 http://www.kravmaga.pt）

▲ IKMF 相关网站（网址 http://www.kravmaga–ikmf.com）

▲ KMWW 相关网站（网址 http://www.kravmaga.com）

▲ KMG 相关网站（网址 http://www.krav–maga.com）

肢体攻防　第二章

　　所谓肢体攻防，就是徒手进行格斗，用自己的肢体作为武器展开进攻与防御。这些肢体武器（personal weapons）是与生俱来的，要想在格斗中取得胜利，必须首先将这些武器运用自如。

　　肢体攻防是 KRAV MAGA 格斗体系的根基，只有娴熟地掌握了肢体攻防的相关技术，才可能为之后进一步学习针对棍棒刀枪的防御技术奠定基础。

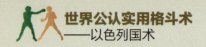

世界公认实用格斗术
——以色列国术

第一节　格斗基础

在这一节中所提及的基础知识,事实上是整个 KRAV MAGA 格斗体系的基础,放在本书介绍的任何技术环节中,都是适用的。

一、姿态

KRAV MAGA 格斗体系为我们介绍了如下几种基本的站立姿态:被动姿态(passive stance)、中立姿态(neutral stance)、格斗姿态(fighting stance)。

▲被动姿态,双腿自然站立,双臂自然下垂,一般没有接受过格斗训练的人习惯于摆出这个姿态,这是一种比较被动的姿势。以色列 KRAV MAGA 格斗教练明确指出,与人发生争执时,无论是初期的口角争执阶段,还是即将展开激烈肉搏时,都要避免以这种姿态面对对手

▲中立姿态,是一种看上去没有挑衅性的姿态,两脚平行或者前后自然开立,距离与肩宽齐平,双手于胸前举起,自然放松,不要握拳,指尖与眉眼齐平,目光自两手间穿过注视对手。这种姿态比较平和,好像是在告诉对手,我不想惹麻烦,不想和你打斗。这可以起到缓和对手情绪、令其放松警惕的效果,是 KRAV MAGA 格斗体系提倡的一种应敌姿态。实践证明,这种姿态进退灵活、攻防自如,是非常实用和有效的

◀ 格斗姿态，是一种很明显的对抗姿态，就是像拳击手那样摆出一副打斗的架势，对抗意图明显。这种姿态安全稳定、防守严密，从攻防角度来说是一种非常科学的姿态，挑衅的意味也非常浓。世界上许多格斗体系都采用这种姿态作为基本格斗姿势。格斗姿态虽然不是 KRAV MAGA 格斗体系主导提倡的基本格斗姿势，但不否定它的实用价值。在激烈的格斗过程中，适当情况下是可以灵活运用的

二、首选攻击目标

从格斗的角度来分析人体的构造，人体存在许多要害部位和薄弱环节，这些部位在瞬息万变的肉搏过程中，是格斗者首先选择的打击目标。因为，格斗中先发制人、寻找要害重点打击，往往可以收到一击制敌、立竿见影的效果。

作为一名优秀的格斗者，首先要对这

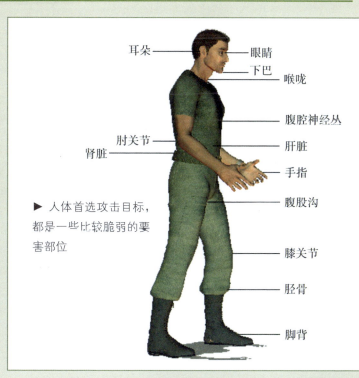

耳朵 —— 眼睛
—— 下巴
—— 喉咙
—— 腹腔神经丛
肘关节 —— 肝脏
肾脏 —— 手指
—— 腹股沟

▶ 人体首选攻击目标，都是一些比较脆弱的要害部位

膝关节
胫骨
脚背

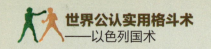
些攻击目标有所了解，这不仅有利于成功地攻击敌人，而且对于有效地保护自己也大有裨益。

三、格斗范围

格斗范围也可以叫作格斗距离，指敌我双方战斗过程中所处的位置与相对距离。

在站立状态的格斗过程中，掌握优势地位，实际上就是控制好敌我双方的交手距离。

未经过专业训练的人，经常犯的错误就是，他总是无意间站在了对手的打击范围内，而无法使对手处于自己的打击范围中。这是一件非常尴尬的事情，当然也是他最终失败的主要原因。

因此，KRAV MAGA格斗教练会在最初的一段时间里，传授关于格斗距离的相关知识，使你了解不同格斗状态下你应该处于何种位置，并且通过不断地训练来提高你的距离感，让你初步具备格斗自卫的能力。

格斗范围一般可以划分为三个层面：远距离范围、中距离范围和近距离范围。

1. 远距离范围，即踢击距离。如果是一名体力旺盛、身手敏捷的格斗者，可以尽量保持在这个范围进行打斗，原因是在踢击距离范围内进行格斗是比较耗费体力的事情。

2. 中距离范围，即拳击距离。这种距离比前者需要的体力要少得多，但是当面对的是一名善于腿击的对手时，你首先面临的问题就是要成功地突破他的腿法封锁线，这就要求在身法和步法方面具备突出的表现。

3. 近距离范围，即缠斗距离。这种距离实际上是真实格斗中最常见、最有效，也是最难掌握的。在这一距离内，不仅可以拳打、脚踢，使用肘击、膝撞，还可以扭摔、投摔，甚至将对手置于地面战中。在这一距离内进行的格斗，将会涉及一系列复杂的战术性搏斗技术。

第二节　攻击技术

在激烈的肉搏过程中，身体的许多部位都是可以用来作为武器进行攻击的，这些肢体武器经过针对性的训练后，其威力甚至不亚于刀棍。KRAV MAGA 格斗教练告诉我们，人体的攻击武器不仅包括拳、掌、肘、膝、腿、脚，在危急关头，你甚至可以用牙撕咬、用手指抠戳。在初级阶段，教练会传授你如何正确运用这些武器来发动攻击，实现瞬间击溃敌人的目的。

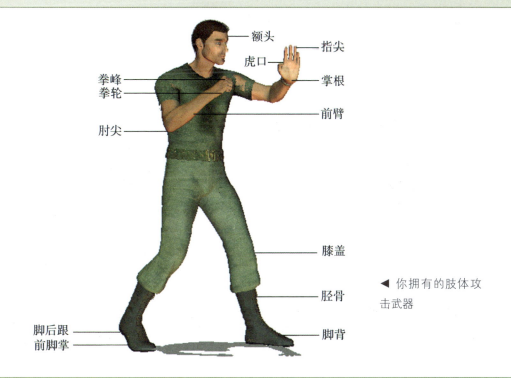

额头
指尖
虎口
拳峰
拳轮
掌根
前臂
肘尖
膝盖
胫骨
脚后跟
前脚掌
脚背

◀ 你拥有的肢体攻击武器

一、直拳

直拳是 KRAV MAGA 格斗体系中使用最频繁的拳法，是一种拳头沿直线运动攻击目标的击打方法。其特点是动作简单、直接迅速、出击突然、运用广泛。

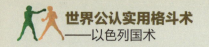

因为"两点之间线段最短",因此直拳是最快、最直接的,并且易于发挥身体的力量,是一种具有巨大威力与高度实用价值的攻击方法。

直拳在出击瞬间要求拧腰、转胯、送肩,出拳的过程中,手臂前伸、内旋,使力量通过肩、臂、腕关节和拳峰沿一条直线击出。同时后脚蹬地,并将这种因蹬地所产生的反作用力充分作用和贯穿于拳头上,这样可以增强打击力度。

直拳可以分为前手直拳(也称左直拳)和后手直拳(也称右直拳)两类。前手与后手是相对于格斗站姿而言的,以左前式站姿应敌时,左拳在前即为前手拳,右拳在后即谓之后手拳,右前式反之。

实战中,根据站架的高低还可以划分为高架直拳和低架直拳。高架直拳就是在常规站姿状态下发动的直拳,主要用于攻击对手头颈部、胸腹部;低架直拳则是在此基础上降低身体重心后击出的直拳,多用于偷袭对手的裆腹部,或者在及时躲避对手攻击时缩身反击。

▲ 用前手直拳攻击对手头颈部位

◀ 降低身体重心，以右手直拳袭击对手腹部

二、捶击

　　捶击是一种弧线进攻拳法，主要是挥动手臂以拳轮为力点打击目标，类似抡动铁锤，故而得名。

　　捶击因手臂抡动的惯性所致，打击力量比较大，速度快，突发性也最大。虽然不像直拳那样具有致命的攻击威力，但它的突发性及敏捷性是其他拳法无法比拟的。只要能击中目标，就足以让对手瞬间瘫倒。

　　在实战应用中，捶击根据拳头运动的起止方向和路线的不同，可以划分为向前捶击（forward hammerfist）、向下捶击（downward hammerfist）、侧向捶击（hammerfist to the side）、转身捶击（hammerfist to the back）。

▲ 挥舞手臂，向前捶击对手面门

▲ 左手抓按对手头顶，右手以拳轮为力点向下捶击对手头部

▲ 当对手由背后对我进行骚扰、挑衅时，可以猛然转身、抢臂，捶击其头部

三、掌根推击

　　从技术角度讲，掌根推击这种攻击方式与直拳攻击有许多相似之处。它们都要求在出击时，利用腿、腰、胯的发力增强手掌的出击力度，直线运动，力达掌根，同时配合呼气。事实上，在有些情况下，比如在击打对手身体比较坚硬的部位时，用掌根推击比用直拳打击更实用有效。

◀ 实战中用掌根迎推对手下颌，突然地推撑可令其瞬间倒地

四、虎口攻击

　　虎口攻击，顾名思义，就是用手掌虎口部位攻击对手咽喉、气管。这种攻击方式直接、快速，如果出击时间和攻击部位精准的话，往往可以给予对手致命打击。

◀ 以虎口部位猛然前推对手咽喉，可令其瞬间跌倒，威力不亚于一记重拳

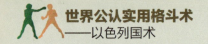

五、指节攻击

指节攻击，类似于直拳攻击，只是击打的力点不同而已。在攻击时，要求手掌弯曲，以四指弯曲关节边缘为力点击打对手要害部位，多用于攻击咽喉、软肋等相对较为脆弱的身体部位。

◀ 以四指弯曲关节边缘为力点攻击对手咽喉

六、前臂攻击

前臂攻击，即以手臂前端小臂部位为力点击打目标。实战中可以弯曲手臂，以小臂尺骨为力点向前推击；也可以伸展手臂，以小臂桡骨为力点，随身体的转动，带动手臂横向攻击目标。

▼ 上步进身，以小臂尺骨为力点向前猛推对手咽喉

◀ 右腿绊住对手右腿，同时左手控制住对手一条手臂，然后猝然转身，挥舞右臂，以小臂为力点横击对手脖颈

七、砍击

用掌刃砍击，犹如一把锋利的砍刀，着力点面积小，力量集中，在关键时刻针对对手的要害发动攻击，可以瞬间削减其战斗力，收到以弱制强的出奇效果。砍击时注意身体要配合拧转，以助发力。

◀ 实战中，猛然挥掌砍击对手咽喉，可令其瞬间倒地

八、头部冲撞

人的前额头骨是非常坚硬的，近距离格斗时，可以利用前额冲顶对手面门、鼻梁等相对脆弱的部位，往往可以一击奏效。

◀ 双手扭住对手脖颈，用前额冲撞其面部，可令其鼻口蹿血

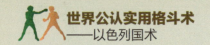
九、肘击

实战搏击中，以坚硬的肘部攻击对手，是摧毁力极强的。以肘打人，力大且凶猛，因动作路线短促，灵活多变，预兆性小，所以能够快速而突然地发起进攻，令人防不胜防。尤其是在近距离搏击时更能体现出其强大的实用性和威胁性。

肘击技术在具体运用时，要注意控制好交手距离，这点是至关重要的。出肘时距离感要强，太远打不到，太近难以发挥应有的威力，要使爆发力正好于肘尖释放出来，必须掌握恰当的距离。

肘击技术的诀窍在于，屈肘时不要夹得太紧。肘部击出时，注意手与肩要放松，否则会导致肌肉僵硬，影响肘法的灵活性。肘击的力量来源于蹬腿、拧腰、摆肩，发力不正确会严重影响肘击效果。

KRAV MAGA 格斗体系的肘击技术种类比较多，其中包括：直线出击的横击肘（sideways elbow strike）、水平方向上摆动出击的前扫肘（horizontal elbow strike forward）与后扫肘（horizontal elbow strike backward）、自下而上沿弧形路线攻出的前挑肘（vertical elbow strike forward and upward）与后挑肘（vertical elbow strike backward）、垂直向下打击的下砸肘（vertical elbow strike forward and down）。

▲ 突然靠近对手，右臂屈肘直线出击，以肘尖为力点横击对手咽喉

▲ 针对前方对手实施前扫肘攻击

▲ 针对背后袭扰者实施后扫肘反击

▲ 以前挑肘向前上方攻击对手下颌

▲ 以后挑肘反击背后偷袭者，攻击其腹部或者腰肋部

▲ 也可以用后挑肘向后上方攻击对手下颌

▲ 按住对手头部，以下砸肘砸击其后脖颈，杀伤力巨大

十、踢击

腿法攻击历来都是各种格斗体系强调的重中之重。

首先,使用腿法打击技术可以放长击远。因为从人体生理客观条件上来比较,双腿较双臂长,所以腿脚比拳掌更能有效打击较远距离的目标。打击的范围也更加广泛,其攻击路线更是全方位的,上可踢踹头部,下可扫踩腿脚,多方位进攻的同时还能用来遏制对手的进攻,控制彼此的交手距离。

其次,腿法的打击力量巨大。由于双腿作为身体重心的载体,负担着整个上身、躯干,并承担运动与跳跃等功能,其大腿的骨骼和肌肉相对于其他肢体要粗壮结实许多,因而发出的力量相对巨大,攻击力自然强大。通常认为腿击的力量要比拳击的力量大 3～5 倍。一次准确有效的踢击,其绝对打击力量远远超过拳掌之功,可在踢击范围内给予对手重创,削弱对手的攻势或者瞬间将其击倒在地,绝对具有一锤定音、决定胜负的效果,杀伤力不可小觑。

KRAV MAGA 格斗体系在腿法运用方面也是比较广泛的,高、中、低段腿法基本上都有,在实战中所占据的优势,也是显而易见的。

KRAV MAGA 的腿法按照动作的运动方式可分为:由正面展开攻击的前踢

▲ 以前踢腿袭击对手腹股沟

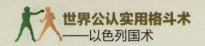

腿（front kick）与刺踢腿（vertical kick）、由侧面展开的直线攻击性侧踹腿（side kick）、威力巨大的鞭扫腿（round kick）、向身体后方攻击的后蹬腿（back kick）与后撩踢（short uppercut back kick），以及正顶膝（knee strike）与踩踩（downward stomping kick）。

▲ 以刺踢腿攻击对手胸腹部神经丛，可以有效阻遏对手的进攻

▲ 侧踹腿也同样可以阻遏对手的进攻

▲ 鞭扫腿是实战中威力最大的腿法，可以攻击头部、腰肋、腿部，攻击范围广泛

▲ 后蹬腿是应付背后偷袭者最行之有效的腿法

▲ 在被对手由背后熊抱住后，用后撩踢进行反击

▲ 正顶膝在近身缠斗中所发挥的威力是绝对令人胆寒的

▲ 向下踩踹同样是应对背后熊抱的好招数

第三节　防御技术

　　所谓防御技术，其实就是针对攻击技术而言的应对措施。换句话讲，防御就是针对攻击而设的。如何能够针对各种攻击进行有效的防御，首先要对真实格斗过程中的各种攻击技术进行分析，从中寻找出规律，就自然觅得了应对的策略。

　　里奇费尔德和艾兹克经过研究和分析后发现，以自卫者所处空间为参考坐标，所有可能的攻击方式都可以归纳为两种模式：外围攻击和直线攻击。

　　所谓外围攻击，即那些由外向内指向自卫者身体正剖面轮廓边缘的攻击方式，其攻击可以来自任何角度，比如摆拳、捶击、扫肘、鞭扫腿等。

　　直线攻击则是指那些朝向自卫者身体中线要害发起的直线攻击，其攻击的轨迹是穿过身体正剖面的直线，比如直拳就是典型的直线攻击方法。

　　如果以自卫者身体所处的立体空间为攻击目标，想象来自对手的攻击方法，则可以清楚地看到，所有的攻击都离不开外围攻击和直线攻击的范畴。

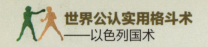
由此，KRAV MAGA 的防御策略也就诞生了。它为格斗者设计出两种防御模式：针对外围攻击的 360° 外围防御和针对直线攻击的内围防御。

格斗者熟练掌握这两种防御模式后，就可以有效地防御来自各个方向的各种形式的攻击。

▲ 外围攻击，是指那些由外向内指向自卫者身体正剖面轮廓边缘的攻击

▲ 直线攻击，是指那些朝向自卫者身体中线要害发起的直线攻击

一、360° 外围防御

360° 外围防御是指手臂自内向外运动，阻格截挡对手由外向内的各种进攻。它主要是对付那些来自外围的攻击手段，比如勾拳、鞭扫腿，以及短刀的劈摆攻击等。

对于初学者而言，伸出手臂进行格挡，这种技术是本能的，也是最简单实用的。360° 外围防御最主要的特点就是，它是基于人体本能做出的反应，是一种条件反射。

在具体实施防御动作时，身体重心要略微下沉，呼吸自然，小臂在接触对手肢体时瞬间绷紧。手掌要伸展开来，而非握拳格挡，因为手掌伸展开可以延长防御距离。注意保护好手腕，尽量以手掌掌刃或者小臂外侧尺骨部位为力点触及对手手臂。手臂弯曲的幅度不宜过大也不宜过小，应该尽量保持大小臂夹角在 90°

左右。身体的姿态与手臂的动作要协调，根据具体情况随机应变。

▲ 弯曲肘关节呈90°夹角，抬起前臂向上方或者向前上方抵挡对手垂直向下的攻击，可以防御针对头面部的捶击或者手刀劈砍

▲ 抬起手臂抵挡来自左上方或者右上方的斜下攻击，比如各种针对太阳穴的攻击

▲ 这种防御方式用来抵挡水平方向上的侧面攻击，比如高位的摆拳、平勾拳

▲ 这种防御方式用来抵挡来自左下方或者右下方的斜上攻击，比如针对胸腹部的斜上勾拳

▲ 这种防御方式用来抵挡水平方向上的侧面攻击，比如针对腰肋部的平勾拳、鞭扫腿

▲ 这种防御方式用来抵挡来自左下方或者右下方的斜上攻击，比如针对腰腹部的斜上勾拳

▲ 这种防御方式用来抵挡自下而上的攻击，比如针对裆腹部的上勾拳、弹踢腿

二、内围防御

　　实战中，直线攻击绝大部分是针对头部或者胸腹部实施的直拳打击，简单地说，内围防御基本上就是针对直拳攻击展开的防御方法。由于内围的直线进攻技术比较简单，故而相应的内围防御技术相较于360°外围防御要简单许多。只要通过肢体单一动作，直接接触、拨动对手进攻肢体，将对手的攻击武器向身体两侧格挡开，迫使其改变进攻路线，即可达到化解攻势、有效防御之目的。从技术角度上看，内围防御有点类似于中国咏春拳中的一些手法，与中国传统武术中的"以横破直"原则有异曲同工之妙。

　　内围防御可以分为向内和向外两种方式，即向左或者向右运动手臂。手臂动作的同时，身体也要配合侧闪。

▲ 针对直拳攻击头胸部，向内推挡，化解攻势

▲ 针对直拳攻击头胸部，向外格挡，化解攻势

▲ 针对低位直拳攻击腹部，向内防御，化解攻势

第四节　防御反击技术

防御反击，就是在面对各种攻击时，先利用内围或者360°外围防御手段化解危机，然后在成功防御的基础上实施连续的反击动作。在具体运用时强调首先要确保自己避免遭受攻击，只有在此前提下，才能发动进一步的反击，反击动作才有意义。换言之，如果无法保证自身的安全，一味地贸然反击，体力会快速消耗，更容易暴露弱点，得不偿失。

在实施反击时，要追求后发先至的效果，关键是要抓住对手出拳发腿还来不及回收的空当，趁其旧力刚过、新力未发时，予以快速反击。

一、针对直拳攻击的防御反击

针对直拳的防御反击基本上是先运用内围防御手段，如拍挡、搪挡等手法化解对手的攻势、改变其攻击路线，然后在此基础上进行快速的反击。对于直拳攻击的防御是比较简单的，而且也比较节省体力。对于对手直线攻击而来的拳头，我们挥舞手臂让对手肢体发生偏移的防御力量不必过大。在你选准了最佳防御方法和确定了格挡偏移方向的前提下，只需很小的力量就足以让对手的重拳力量瞬间消于无形。

▲实战中，面对对手我摆出中立的防御姿态，严阵以待

▲ 对手以右手直拳攻击我头部，我左脚迅速向左前方上步，闪身躲避的同时，用左手手掌推挡对手右臂外侧。几乎同时，右脚向后蹬地，推动身体重心向前过渡，带动右臂顺势向前上方伸展，以右手掌根为力点猛推对手鼻子根部

◀ 继而，双臂屈肘，双手自上而下扣按住对手右侧肩臂，将其右臂控制在我右侧肩头之上

◀ 旋即，在用右臂牢牢控制住对手右臂的前提下，左臂向前伸展，以左手掌刃为力点沿水平面向前平砍对手鼻子根部，再次予以攻击

▲ 动作不停，在左手卡住对手鼻根部位的情况下，左脚迅速向身体左后方撤步，身体骤然左转，以左手掌刃为力点向左下方扳压对手头部，令其身体重心失衡而被迫向后摔倒

▲ 对手摔倒后，我可以迅速俯身，挥舞拳头击打其头部

二、针对勾拳攻击的防御反击

众所周知，勾拳在攻击时特别强调腰身的转动，通过身体的旋转来带动手臂出拳，是勾拳的显著特点。正因为这个特点，使得勾拳相较于直拳而言，其出击速度要稍慢一些，并且预动明显，容易被察觉。

鉴于此，防御勾拳攻击时，我们多采用360°外围防御技术。具体实施时，我们要在对手刚刚启动攻击的瞬间，予以拦截，要有"提前量"的意识。要善于掌控防御的时机，准确的拦截，加上压制性的快速反击，才可以反被动为主动，获取最终的胜利。

▲实战中，对手率先发动攻击，突然向前移动重心，挥舞右手平勾拳袭击我头部。我左脚迅速向前上步，右脚向后蹬地，推动身体重心向前过渡，同时抬起左臂，以尺骨为力点向左上方磕挡格架对手右小臂内侧，化解其攻势

▲对手右拳进攻失败，继续使用左平勾拳连续攻击我头部。我抬起右臂向右上方抵挡其左臂

▲在成功防御了对手的两次平勾拳攻击后，双臂顺势向前伸展，双手伸至对手脑后时，迅速勾揽住其后脖颈，屈肘夹紧，对其头颈实施箍扼缠抱

◀ 双臂屈肘、内扣，用力回收，牢牢夹锁住对手的脖颈，将其头颈拉至我胸前，迫使其俯身低头。然后抬起右腿，屈膝以膝盖为力点朝前上方顶撞其裆腹部

三、针对前踢腿攻击的防御反击

　　针对下肢攻击的防御手段比较丰富，我们不仅可以用手臂来进行防御，而且还可以用腿脚来进行阻挡和截击。下肢展开的攻击一般动作幅度都偏大，在速度上也要比上肢展开的攻击稍慢一些，留给我们的反应时间也相对充裕一些。

　　具体到防御前踢腿袭击这项来说，我们可以采用内围防御方法用手臂向外拨挡对手的腿脚，也可以使用360°外围防御方法用手臂向下格挡，或者直接抬腿提膝来化解对手的前踢。

▲ 双方交手，彼此拉开架势，准备战斗

▲ 对手突然向前移动身体重心，以右前踢腿进攻我中路。在对手起腿瞬间，我左脚迅速向左前方上步，同时左臂内旋向下摆动，左手自内向外勾接住对手右腿脚踝内侧

▲ 动作不停，右脚向后蹬地，推动身体重心前移，右臂猛然向前上方冲出，以右掌掌根为力点推击对手鼻根部位

▲ 继而，右掌打击动作结束后，顺势抓住对手右侧肩头，身体重心继续向前过渡，带动右腿抬起向右前方摆动至对手左腿后侧

▲动作不停，右手抓紧对手右肩头，使劲向前下方推送，左腿蹬地，同时右腿勾挂住对手左腿，猛然向后摆荡，迫使对手身体重心失去平衡而仰摔在地

▲对手仰面摔倒后，我可以进一步用脚踩踏其裆部

四、针对鞭扫腿攻击的防御反击

鞭扫腿是一种极为凶悍的弧线性攻击腿法，它的威力虽然巨大，破坏力极强，但相较于直线性攻击腿法而言，启动速度要慢一些。对于这种类型的腿法进行防御，不仅要靠技术，还要发挥智慧，要在充分了解这种腿法优缺点的基础上，从容应对。在对手起腿的瞬间，我们除了采用躲闪策略外，还可以快速移动重心，将身体贴上去，直接以攻为守，破坏其身体重心，令其无从发力，从而达到削弱其攻击力度的目的。

▲ 双方交手，对手突然旋转身体，以鞭扫腿扫踢我腰肋部。我迅速将左臂向左侧伸展摆动，以小臂尺骨为力点向外撩挂对手右腿脚踝部位，右手顺势扣按住其右小腿后侧

▲ 继而，左臂屈肘内旋、向上提起，双臂协同动作，用力将对手右腿提抱翻转至膝盖朝下状态，双手使劲扣压其右脚脚踝后方，令其右脚脚背陷于我左臂肘窝之内，将其踝关节牢牢锁定

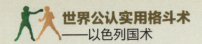

▲旋即，双手继续向下、向怀中扣压对手右脚踝关节后侧，上体略右转，左肩向前推顶其右脚脚背，迫使对手因脚部的剧痛而向前扑倒

▲在对手双手扑地的瞬间，我可以飞起左脚，自后向前踢击对手腹股沟要害部位

近身缠斗 第三章

近身缠斗，是指敌我双方在近距离进行的撕扯扭斗。由于彼此距离很近，一些常规格斗技法很难发挥威力，如远距离出拳与踢腿等技法。所以，要想在近身缠斗中战胜对手，就必须使用一些特殊的缠斗方法。本章为大家介绍 KRAV MAGA 格斗体系在近身缠斗时使用的相关技术，其内容包括缠抱技术、摔跤技术、脱解技术等。

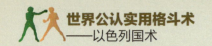

第一节　缠抱技术

　　缠抱是近身缠斗技术中最基础的部分，也是获取胜利的最重要的一个环节。所有格斗者在进行近身缠斗训练时，都要首先学习这种技术。

　　缠抱的作用主要是靠近对手后，控制对手的上体，发挥自己的肘膝威力，予以重创。抑或是控制、破坏对手的身体重心，利用投摔技术将其摔倒在地。

一、头部缠抱

　　头部缠抱即针对对手头颈进行扼箍，这种技术在泰拳和综合格斗中被称之为"箍颈"。动作时双臂屈肘、两小臂夹抱住对手的脖颈两侧，双手于其脖颈后方牢牢扣握在一起，大拇指抵顶其后脑勺。

　　注意上体腰背部位要保持正直，不能弯腰驼背。双臂扼箍住对手的脖颈后，一定要夹紧，可以有效地阻遏其颈动脉供血。但不要用蛮力下拉，而是要像猴子一样悬挂在对手的颈部，迫使其身体前倾。通过这种方式，利用自身的体重而不仅仅是臂部的力量来控制降伏对手。同时可以将双臂肘部压在对手锁骨附近，这样在身体下压时，可以针对其后脑和颈部两侧锁骨形成杠杆作用力，有利于顺利地将对手的头颅拉下来。

　　缠抱住对手的头颈后，头部要贴近对手头部，彼此间尽量不要留有空隙，否则很容易遭到对手的肘击。必须尽量缩短间距，只有在打算发动进攻的时候才留出空间。进攻动作完成瞬间，要立即再次贴近对手，防止其抓住机会反击。简单地说，近身缠斗过程中，离对手越近就越安全。

　　在头颈被缠抱状态下，如果要发动肢体打击，最理想的攻击目标是头部，提膝撞击非常方便，一旦击中目标，往往可以瞬间令对手瘫软在地。如不慎被对手箍住脖颈，一定要尽力直立身体、昂首抬头，以抵御对手的攻击，切不可弯下腰来，否则就完全变成对手练习膝撞的沙包了，崩溃只是早晚的问题。

◀ 双臂扼箍住对手的脖颈，可以有效地阻遏其颈动脉供血，致使其头晕目眩，丧失战斗力

▲ 缠抱对手头颈后，可以迅速提膝冲撞其头面部

▲ 在用双臂牢牢箍住对手脖颈的前提下，可以配合脚步的移动，拧转身躯来破坏对手的重心平衡，将其摔倒

二、颈肘缠抱

颈肘缠抱也可以叫作对称的头部拥扭（symmetrical head clinch），应该算是"箍颈"的一种变形应用。在近身缠斗中也是一种应用非常普遍的缠抱形式。

◀ 双方互相纠缠，彼此用右手扳住对手后脖颈，同时用左手拉扯对手右臂肘关节，形成一种僵持的局面

▲ 在颈肘缠抱状态下，条件允许时可以摆脱对手的纠缠，突然展开肘击

三、身体缠抱

　　身体缠抱就是抱腰，即我们平常说的"熊抱"，可以从前后左右不同方向抱住对手的腰部。这种缠抱的目的一般都是要破坏对手的重心平衡，然后将其摔倒。

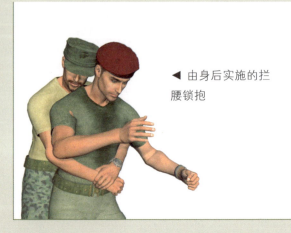

◀ 由身后实施的拦腰锁抱

第二节　摔跤技术

摔跤技术是指在格斗过程中，利用各种手段破坏对手的身体重心，使其摔倒或跌倒在地的方法。

摔跤技术是近身缠斗时运用较多的攻击手段，通过有效的投摔，可以瞬间转换优劣局面，为后续的地面打斗奠定基础。摔跤技术的成败关键在于速度和动作是否精准到位。

一、抱双腿摔

抱双腿摔是实战中最为常见的一种摔法，在综合格斗（MMA）比赛中屡见不鲜，很多人以此为看家绝技。这种技术应用成功的关键在于掌握好出手时机和整体动作的协调性。

▲ 双方对峙，对手主动进攻，左脚在前、右脚在后，以前手直拳击打我上盘

▲ 在对手逼近的瞬间，我突然身体重心下降，左脚向前上步，双腿屈膝下蹲，双手顺势抄抱住对手双腿

▲ 旋即，我身体重心前移，右脚上步，双手用力向上提抱，以左侧肩头向前推顶对手腰腹部

▲ 周身协调动作，瞬间令对手身体重心失衡，向后仰摔

二、抱单腿摔

抱单腿摔与抱双腿摔在技术要领方面基本一致，在使用过程中要特别注意防备脖颈被对手锁住，否则被其用"断头台"技术降伏的危险性极大。

◀ 双方对峙，对手主动进攻，左脚在前、右脚在后，以左摆拳击打我上盘，来势凶猛

▲ 我迅速闪身，重心下沉，避开对手拳峰。左手快速插入对手裆部，顺势抱住其左大腿，右手由对手左腿外侧牢牢抱住其小腿，两手协同用力向上提抱，同时用左肩向前顶撞对手左胯及大腿根部，令其重心不稳，向后仰摔

三、针对抱腿摔的防御反击

抱腿摔确切的叫法应该是下潜抱双腿扭摔，在柔道中称之为"双手刈"，是在现实格斗中运用频率最高的一种摔法。

在肢体冲突中被对手摔倒是件非常被动的事情，倒地后你的进攻能力、防御能力以及机动能力都将大打折扣，尤其在遭遇多名对手围攻的情况下更是如此。因此，在日常学习摔跤技术的同时，还要掌握和了解针对摔跤技法的防御技能，尤其要学会如何防御抱腿摔，做到攻防兼修，有备无患。

▲实战中，对手突然俯身前蹿，欲扑抱我下肢，实施抱摔

▲我迅速向后缩臀，同时将身体重心骤然向上提起，并用双手扑按对手双肩及后背位置

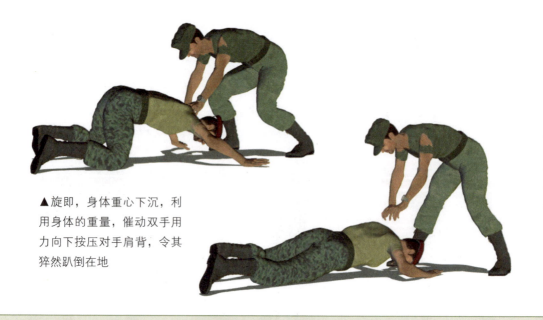

▲旋即，身体重心下沉，利用身体的重量，催动双手用力向下按压对手肩背，令其猝然趴倒在地

第三节　脱解技术

脱解技术也可以理解为逃脱技术，即在我们的身体或者肢体不慎被对手控制住的时候，迅速采取技术手段摆脱其束缚，避免被其彻底降伏的相关技术。

脱解技术在运用时强调的关键点是反应能力和动作敏捷性，技法设计上多是脱打结合的连续动作。

一、手腕被抓的脱解反击方法

腕关节是手臂的主要关节，处于整个上肢运动链的游离端，在实施攻击动作时，拳、掌、指的运用都是通过腕关节来实现的。因此手腕一旦被对手抓住，便会处于非常被动的局面，必须立即摆脱对手的控制。

◀ 实战中，对手双手虎口向上同时抓握住我右手腕部，向后下方拉扯

▲ 我迅速顺势向前俯身，右手握拳，左手由对手两臂间穿过，向下扣抓住自己右拳拳面

▲ 动作不停，右臂屈肘，右拳向上抬起，以小臂尺骨一侧为力点向下挤别对手双手，左手配合右手动作用力向怀中拉扯，迫使其放松对我右腕的抓握

◀ 随即，左脚向左后方快速后撤一步，身体猛然向左转动，右臂肘关节瞬间收紧，左手配合右臂动作向怀中扳拉右拳，周身协调动作，瞬间可以将右腕顺利脱出

二、脖颈被卡锁的脱解反击方法

　　颈部是人体主要的呼吸通道，也是人体供给大脑血液的唯一通道，其所处位置的重要性是不言而喻的。如果脖颈被锁控，可导致大脑、中枢神经供血不足，窒息、昏厥，甚至死亡。因此一旦脖颈被控制，要立即采取措施逃脱，否则后果不堪设想。

◀ 对手由正面向我发动攻击，突然伸出双手、张开虎口卡住我的脖颈，并死死掐扼，意图令我窒息

▲ 在对手双手触及我脖颈的瞬间，我迅速抬起双臂，屈肘由外向内以双手扣抓住对手双腕内侧，并用力向两侧拉扯，以卸其力

▲ 动作不停，上体略后仰，双臂猛然屈肘下沉，双手勾住对手双腕顺势将其由我脖颈处沿我双肩拉向身体两侧，同时右腿抬起向前挂踢对手裆部腹股沟位置，破解对手控制的同时予以重创

三、针对熊抱的脱解反击方法

　　腰部是整个身体实施动作、激发力量的主轴，一旦被对手抱住，你根本无法击出一记有力的重拳，会陷入无休无止的纠缠之中。同时身体重心也会不稳，很容易被对手摔倒。KRAV MAGA格斗专家告诉我们，摆脱熊抱最有效的方法是用肘膝进行连续反击。

▲ 对手由我身后偷袭，突然双手自我两侧腋下穿过，拦腰将我锁抱住，力量巨大，使我无法轻易摆脱

▲ 此时，我迅速屈膝下蹲，降低身体重心，上体略前俯，同时右臂屈肘，右手扣抓住对手左手腕部，左臂略微向前伸展，蓄势待发

▲ 旋即，身体猛然向左转动，左臂屈肘，随身体的摆转以肘尖为力点向左后上方扫击对手头部左侧，同时右手用力向下拉扯对手左腕

▲ 如果对手反应敏捷，及时避让开了我的左肘攻击动作，我再突然向右拧转身体，右手放开对手左腕，右臂屈肘，随身体的摆转以肘尖为力点向右后上方扫击对手头部右侧，连续的后扫肘攻击，足以令对手放松对我腰部的控制

◀ 进一步，身体继续向右后方翻转，双手顺势迅速抓扯住对手的右肩，用力向下按压，同时右腿屈膝向上顶撞对手裆部，予以还击

四、头发被抓的脱解反击方法

　　头发被抓，尤其是女性，是一件非常痛苦的事情，而且头部被对手牵制，会严重影响你的视线，无法正确判断对手的攻击意图。如果不及时摆脱，就会始终处于被动挨打的局面。

◀ 双方交手，对手突然伸出右手自上而下抓住我的头发，并用力向下、向后拉扯

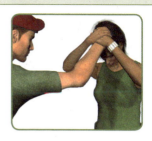

◀ 此时我迅速用双手由上而下扣抓住对手右手背部，使之无法撤手

◀ 同时，上体前倾，快速低头，重心向前下方移动，用头顶和双手协同作用来撅别对手右手腕关节

▲ ▶ 动作不停，右脚向后撤步，双手扣住对手右手一并向后牵扯，迫使其失去重心平衡，被动向前扑倒在地。继而，我身体重心提起，飞起右脚猛踢对手头部，予以重创

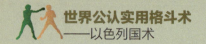
五、胸襟被抓的脱解反击方法

抓扯胸襟的行为一般都是在对手情绪比较激动的情况下发生的，对手可能在抓扯你胸襟的同时对你进行推搡。抓扯胸襟基本上可以分为双手抓扯和单手抓扯两种情况。不同的抓扯方式具有不同的特点，威胁程度也各不相同。抓扯胸襟这种举动，表面看起来冲突比较激烈，但其威胁和伤害裂度并不高，摆脱和反抗起来也比较容易。

◀ 双方正面冲突，对手用双手抓抓我胸部衣襟，实施挑衅

▶ 我迅速双臂屈肘向上抬起，双手抬至对手双臂上方与头同高时，用右手抓住自己左手腕部

◀ 旋即，双腿屈膝下蹲，身体重心骤然下沉，双臂随之快速下落，以双小臂为力点向下磕砸对手双小臂位置，迫使其双臂弯曲

▲ 动作不停，在双小臂向下砸压的一刹那，右脚向后撤步，双臂继续用力向下、向怀中揽带对手双臂，瞬间动作可将对手拖倒而双膝跪地

◀ 对手双膝着地瞬间，我左脚快速向后移动，继续拖拽对手双臂，令其随我的动作而重心失衡，向前扑摔

▲ 旋即，我双手迅速捕获其头颅，并向下按压，同时右脚蹬地，右腿提起，屈膝向前冲出，以膝盖为力点攻击对手面门

◀ 右膝攻击动作结束后，右脚向后落步，双手顺势将对手彻底拖倒在地

▲进一步可以抬起一只脚踩踏对手的头颈，予以重创

六、手臂被翻拧的脱解反击方法

实战中，经常会遇到这样的情况，对手用双手控制住我的一条手臂后，立即用力向上翻拧，欲将我的手臂反背至身后，对我实施擒拿。这种状况会对我的手臂肘关节、腕关节，以及肩关节同时造成创伤，产生剧痛的同时，使我丧失反击能力。

面临这种局面，切忌使用蛮力来挣脱，而应顺应对手手臂的力量旋转身体，以缓解手臂的疼痛，然后巧妙摆脱，反戈一击。

▶ 对手由我身后用双手抓扯住我右手腕后，用力向上翻拧我右臂肘关节，对我实施擒拿，令我被迫向前俯身

▲我迅速降低身体重心，双腿屈膝下蹲，同时身体向右转动，以缓解对手对我右臂翻拧所产生的力量

▲动作不停，身体继续向右翻转，用左手扶撑地面，左侧臀部席地而坐

◀ 旋即，抬起右脚，以脚后跟为力点向上踢击对手裆部

◀ 继而，左脚顺势伸至对手右脚后方，牢牢勾住其右脚脚后跟位置，同时将右脚蹬踏在对手右腿胫骨接近膝盖位置

▲旋即，在左脚固定住对手右脚脚后跟的基础上，右脚用力向前蹬踹其右腿，破坏其身体平衡的同时，可以针对其膝关节及胫骨造成创伤

七、脖颈被勒扼的脱解反击方法

　　用手臂勒锁脖颈在摔跤运动中比较常见，俗称"夹头"。在街头打斗、校园冲突等过程中是最常见的袭击方式，战场上抓捕俘虏时，也屡见不鲜。脖颈被锁控，可导致大脑、中枢神经供血不足，窒息、昏厥，甚至立即死亡。同时也很容易被对手将身体拖倒在地，从而不得不面临你不愿意进入的地面打斗阶段。

　　所以，一旦被对手勒住脖颈，首先要考虑的问题不仅仅是如何逃脱出来，还要特别注意保持身体的平衡。

▶ 对手由我身体右侧逼近，突然伸出左臂圈扼住我的脖颈，其右手抓住左手腕部，使劲勒扼

◀ 我迅速将左脚朝左前方移动一步，身体随之朝右转动，头部右转的同时收紧下颌。同时，用右手由对手背后发动攻击，自后向前、向上掏打对手裆部

▲随即，上体略右转，摆动左臂，以左手指尖为力点戳击对手双眼

▲然后在对手疲于招架的瞬间，我身体重心骤然下沉，双手抓扯住对手左手腕部，并用力向下拉扯，迫使其放松对我脖颈的控制

◀ 在对手手臂稍有松懈的一刹那，我头颈迅速向后抽脱

◀ 在头颈顺利解脱之后，身体重心上提，双手抓握住对手左小臂，用力向上托提，将其左臂翻拧至其背后，可以对其肩肘关节造成一定损伤

▲ 旋即，在用左手牢牢攥紧对手左手腕部的前提下，右手放松对其手臂的控制，挥舞右臂，以右拳拳轮为力点自上而下捶击对手后脖颈或颈侧动脉

▲ 继而，在击打动作结束时，右手顺势抓住对手的头发，双脚快速向右侧移动

▲ 在双手控制住对手头发和左臂的基础上，配合脚步快速地向右侧移动，可以拖拽其身体随着我一并向右侧倾倒，令其身体重心瞬间颠覆，而被迫扑倒在地

八、脖颈被扣压的脱解反击方法

针对脖颈实施的扣压，也可以理解为兜臂压颈，即由对手身后伸出双手，自对手两侧腋下穿过，用双臂向上兜起对手双臂，然后屈肘，双手交叉扣按住对手后脖颈。在限制其双臂自由的同时，也对脖颈造成了巨大的压力，从而达到控制降伏之目的。这种技术在军警人员进行捕俘、押解时经常使用。

▲ 对手由我背后用双手扣按住我后脖颈，对我实施控制

▲ 我双腿屈膝，身体重心突然下沉，以臀部向后抵靠住对手的腰腹部位，同时双臂屈肘

▲ 动作不停，上体猛然向前俯身，双腿挺膝蹬直，臀部用力向后撬起，双臂向下扣压对手双臂，迫使其双脚离开地面

▶ 周身协同动作，瞬间将对手由背后过肩摔至体前

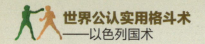

▲ 进一步可以踩踏对手头部

短刀攻防　第四章

　　短刀是一种短小精悍的攻击性武器，其特点是携带方便，杀伤力强，适用于近距离搏杀。短刀可以攻击人体的任何部位，刀锋所过之处都会皮开肉绽、鲜血淋淋。在格斗中，任何人，无论是否经受过专业训练，只要手握一把寒光闪闪的短刀，气势上就占据了上风，其所具有的震慑力是不言而喻的。

　　本章主要向大家介绍 KRAV MAGA 格斗体系中关于短刀的攻击与防御技术，我们在学习和实践过程中要善于灵活运用。凡是带刃的利器，无论单刃、双刃，哪怕是冰锥、螺丝刀，皆可举一反三，触类旁通。

　　提醒大家注意的是，短刀属于锋利的刃具，在学习和训练过程中，如操作不慎，可能会对他人或者自身造成伤害。所以建议在日常训练时，请先使用橡胶仿制的短刀模拟练习攻击与防御动作，直至熟练掌握了短刀的运动特性和攻击方式之后，再更换为金属刀，进一步体会刀锋的威力与感觉。有的格斗老师不建议使用真刀训练，其实是不对的，以色列格斗专家认为只有真正面对锋利的刀锋，才能有身临其境的感觉，实战中才能做到临危不惧。但前提是必须做好必要的安全措施，循序渐进，不可急于求成，马虎大意。

　　在持刀进行攻击训练时，也要准备橡胶或木制模特，在其身上模拟劈刺。另外，在使用仿制刀具进行训练时，可以在刀尖和刀刃上涂抹一些颜料，来检验防御者实施的技术动作是否准确到位，是否达到了躲避刀锋的目的，以判定其训练收效如何。

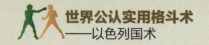
第一节　短刀的攻击技术

　　短刀这类武器在进行攻击时，危害性是非常大的，如果被刺中要害，瞬间可导致死亡，即便没有伤及要害，也会造成鲜血横流，丧失反抗能力，极大地影响战斗信心和意志。因此，首先要在认识上重视起来。

　　短刀的攻击，根据不同的握刀方式和挥刀路线，可以衍生出直刺、挑刺、劈刺、削砍等多种攻击方式。但无论哪种攻击方式，运动中的刀具都是威力巨大的，因为攻击者挥舞刀锋的目的非常明确，就是要给对手造成伤害。

一、劈刺

　　劈刺的特点是在刺出之前必须要先将持刀手臂高高举起，然后向下挥舞手臂，由于向下挥舞的惯性所致，劈刺的力量会很大，威胁性更强，但是其动作幅度也相应比较大，预动明显，容易被察觉和防范。其运动路线是自上而下，或者向斜下方刺击。实战中，劈刺可以由对手正面和侧面发动攻击，也可以从对手背后展开偷袭。劈刺是一种应用非常广泛的攻击方式。

　　劈刺还有一种比较特殊的攻击方式，被称作冰锥攻击（ice pick），一般在与对手距离较近的情况下使用，动作时持刀手臂不必伸直肘关节，而是始终处于弯曲状态下，强调连续攻击，以肘关节为轴反复挥舞，犹如手握冰锥凿击冰块。这种技术在贴身肉搏过程中使用，效果极佳，威力巨大。

▲ 劈刺主要用于袭击对手上体胸部和心脏

▲ 斜劈时也可以用来攻击侧颈动脉

二、挑刺

　　挑刺是一种自下而上或者对角向内斜上方攻击的刀法，其上刺威力强劲，运动路线短促、刁钻，是一种非常凶狠的刀法。

　　挑刺主要用来攻击对手胃部、腰肋部和大腿根部动脉等要害。

▲ 以短刀向上挑刺对手胃部

▲ 右手握持短刀向内斜上方攻击对手腰肋部

▲ 挑刺对手腹股沟或者大腿根部动脉

▲ 在偷袭时，从背后悄悄靠近对手，用一只手突然捂住对手的口鼻，另一只手持刀向对手腰肋侧突刺

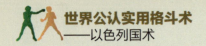
三、直刺

直刺是一种沿直线进行攻击的刀法，其运动路线短，速度快，突发性强，命中率高，防范难度也比较大，是一种极具威胁性的刀法。与前两种攻击方式不同，直刺一般在出刀过程中要求配合前冲步法，可以有效地提升攻击速度和力量。

▲ 向前直刺对手咽喉

▲ 前冲直刺对手心脏

▲ 上步直刺对手腹部

▲ 在对手抬起手臂时，直接刺击其侧肋部、腋下

四、削砍

削砍刀法的运动路线一般是沿水平方向或者自上而下斜向挥舞，从身体的一侧运动至身体的另一侧。

这种刀法在具体运用时，大都是有去有回的组合攻击，先向前削砍（forward

slash）再反手削砍（backhand slash），即在刀锋划至身体一侧后，立即手腕内旋，令刀刃翻转，再朝身体另一侧划动。起始第一刀可以由右向左，也可以由左向右，如此反复，连续挥舞。

▲ 削砍刀法可以用于攻击对手的头颈处

▲ 削砍刀法也可以用来阻击对手的进攻

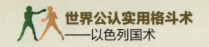

第二节　针对短刀攻击的防御

短刀在实战中，是具有相当大的威慑力的。人们面对寒光闪闪的刀锋，难免会胆战心惊，不知所措。但是，只要充分了解了短刀的性能、握持方法和攻击形式等一般规律，熟练掌握各种防御和反击技法，在实际搏斗中，成功制伏并抢夺对手手中的利刃，也不是什么困难的事情。

KRAV MAGA 格斗体系在教授大家抵御短刀攻击时要求遵循如下几项基本原则。

★ 格斗过程中，要尽量保持与对手的距离，这一点是实战中必须着重强调的。

★ 面对对手的利刃攻击，首先要将其刀具引向一边，即改变其进攻路线，迫使其远离自己的身体要害，然后在控制对手刀具的同时控制其肢体。

★ 动作要求紧促、连贯，且机动灵活，应该尽可能将身躯移动到对手的背后或者侧面，单纯向后撤退以避让短刀攻击的方法是无法根本解决问题的。

★ 格斗过程中，双眼要时刻关注对手的武器，紧紧盯住刀锋，而非对手的眼睛。因为对手的眼睛可能会迷惑你，令你判断失误，其视线所到之处，不一定是其真正的攻击目标，对手声东击西的情况是非常多见的。对你而言，那把刀的运行路线才是真正的威胁。

★ 面对凶悍的对手和锋利的武器，你要忘记那些惩罚对手的想法。因为这些想法会影响你对于武器的控制，分散你的注意力。在生死格斗过程中，千万不要过于自负，即便你已经是一名 KRAV MAGA 高手了。

一、针对短刀劈刺的防御

▲ 实战中，我与手持短刀的对手正面遭遇，对手右手反握短刀，由我正面自上而下朝我上体劈刺

▲ 在对手快速上步，挥刀发动攻击的一刹那，我左脚迅速向前上步，右脚向后蹬地，同时抬起左臂，屈肘以小臂尺骨为力点向左上方格挡对手右小臂内下侧，化解其攻势，右手顺势向前伸展，以右拳拳面和拳峰直击对手下颌或者面门

▲ 动作不停，左手顺势抓握住对手右臂腕部，攥紧并向前推送，右手抓住对手右侧肩头，配合左手动作向怀中拉扯，同时身体重心前移，右腿屈膝提起，随身体重心的移动猛然向前上方冲撞，以膝盖为力点攻击对手裆腹部

◀ 攻击动作结束后，右脚迅速向后撤步移身，左手攥紧对手持刀手腕顺势外旋翻拧，用力向怀中拉扯

◀ 随即，右手立即抓握住对手右拳拳面部位

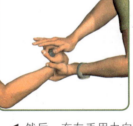

◀ 然后，在左手用力向回拉扯的同时，右手以掌根为力点向前下方推顶对手右拳拳峰与拳背位置，对其右手腕关节造成挫伤

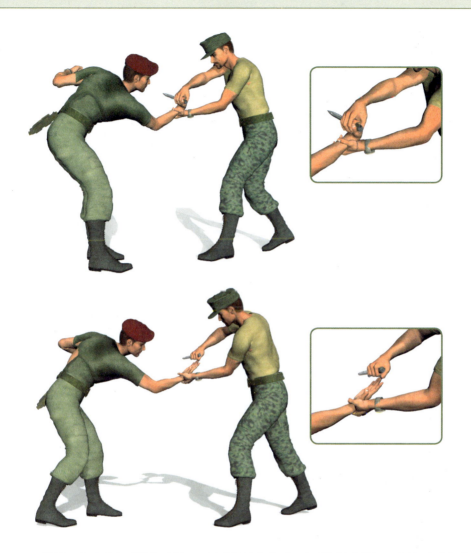

▲ 继而，在对手右手放松对短刀刀柄的握持力度时，右手顺势将短刀刀柄由对手右手中抠出、攥住，抢夺过来

一、针对短刀挑刺的防御

▲ 双方交手，对手右手正握短刀，由我正面进攻，自下而上实施挑刺

▲ 在短刀迫近的一刹那，我迅速伸出左臂，以小臂尺骨为力点向左侧下方阻格对手右小臂腕部，同时右手顺势向前伸展，以右拳拳面和拳峰直击对手下颌或者面门

▲ 动作不停，身体重心向前过渡，左脚向前逼近，左臂顺势内旋向前上方屈肘圈揽对手右臂，左手扣腕，牢牢控制住对手右臂肘关节外侧，令其右臂紧紧贴靠于我胸前，右手配合抓住其右肩头用力向怀中拉扯对手上体，迫使其尽量靠近自己，旋即右腿迅速屈膝提起，以膝盖为力点向前猛撞对手裆腹部

◀ 攻击动作结束后，右脚向后落步，身体略左转，左臂揽紧对手右臂，右臂屈肘内旋，以右手扣抓住对手右手拳面部位

◀ 然后，身体猛然向右拧转，右手抓住对手持刀手拳面顺势向右侧翻拧

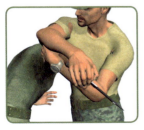

85

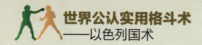

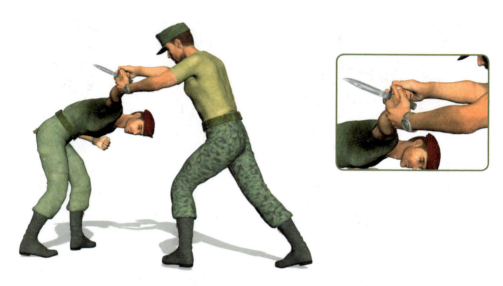

▲ 动作不停，左手立即掐住对手右腕，配合右手动作，用力向前推送翻拧

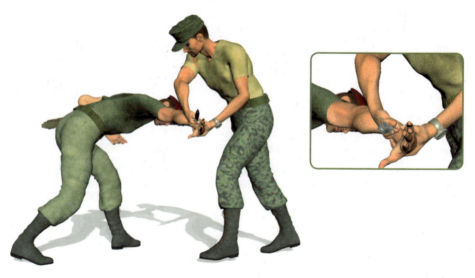

▲ 继而，在对手右手放松对短刀刀柄握持力度的瞬间，我右手顺势将短刀刀柄由对手右手中抠出、攥住，抢夺过来

三、针对短刀直刺的防御

▲ 实战中，对手右手直握短刀，由正面发动突刺，刀尖直逼我胸部

▲ 在对手刀尖即将抵近时，我身体迅速向右侧转动，及时躲闪刀锋的同时，左臂向前伸展，以小臂尺骨为力点自左向右磕抵对手右小臂外侧，化解其攻势，改变其进攻路线

▲ 旋即，左臂屈肘内旋，左手顺势向下扣抓住对手右手腕部，同时以右手直拳击打对手头部

▲ 击打动作结束后，左手攥紧对手右腕用力外旋，右手顺势抓握住其右拳拳面部位

◀ 动作不停，在双手控制住对手持刀手臂的前提下，猛然抬起右腿，以右脚脚背为力点向前弹踢对手裆部，同时左手攥紧对手右腕用力向怀中拉扯，右手配合左手动作向前推顶其右拳拳峰与拳背位置，对其右手腕关节造成挫伤

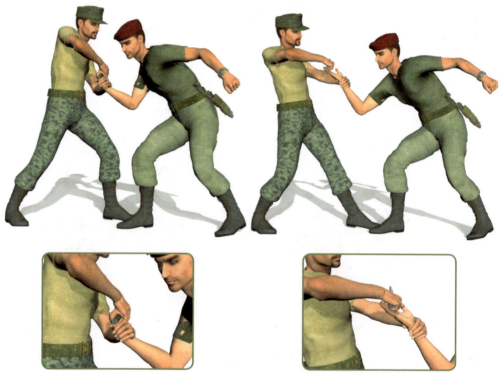

▲ 继而，右脚落步，在对手右手放松对短刀刀柄握持力度的瞬间，我右手顺势将短刀刀柄由对手右手中抠出、攥住，抢夺过来

四、针对短刀削砍的防御

▲ 对手右手正握短刀，高高举起，由我正面逼近，准备实施攻击

▲ 对手突然挥舞右臂，持短刀自外向内朝我头颈部削砍，来势凶猛，我身体重心迅速向后移动，上体后仰，及时避让刀锋

▲ 待对手右手短刀由外向内的削砍动作攻击落空，正准备内旋手腕再次由内向外反臂削砍时，我迅速向前移动重心，左脚向前逼近，身体右转，同时双臂向前伸展，以小臂尺骨为力点自左向右一并磕抵对手右小臂外侧，阻截其攻击动作

▲ 旋即，左臂内旋，左手顺势向下扣抓住对手右手腕部

▲ 左手攥住对手右腕，尽量向前推送，令其刀锋远离自己，靠近对手身体，同时身体左转，右脚蹬地，右手握拳直击对手头部

▲ 随即，左手攥紧对手右腕使劲向外翻转，并用右手抓握住其右拳拳面部位猛然向前推送，对其右手腕关节造成挫伤

▲ 继而，在对手右手放松对短刀刀柄的握持力度时，右手顺势将短刀刀柄由对手右手中抠出、攥住，抢夺过来

五、针对短刀背后威胁的防御

▲ 对手由我身后偷袭，右手正握短刀，以刀尖抵顶我后腰，实施威胁

▲ 先用语言稳定住对手的情绪，趁其注意力转移之际，身体猛然向左转动，左臂随身体转动向左后方伸展，以小臂外侧为力点向外挂拨对手右小臂内侧，迫使其刀尖远离自己身躯

▲ 动作不停，左脚迅速向左后方移动，身体继续左转，上体略前探，左臂抬起，将对手右臂向上撩起

▲ 然后，迅速屈肘内旋，以肘窝部位托夹住对手右手腕部，左手扣按住其右小臂位置，同时右臂屈肘夹紧，借身体转动之势，以肘尖为力点自右向左横扫对手头部左侧，予以重创

◀ 随即，左臂夹紧对手持刀手臂，右手扣抓住对手右侧肩头，飞起右脚，以右小腿胫骨部位为力点袭击对手裆部

◀ 攻击动作结束后，右脚向后落步，身体略左转，左臂揽紧对手右臂，右臂屈肘内旋，以右手扣抓住对手右手拳面部位

◀ 然后，身体猛然向右拧转，右手抓住对手持刀手拳面顺势向右侧翻拧

◀ 动作不停，左手立即掐住对手右腕，配合右手动作，用力向前推送翻拧

◀ 继而，在对手右手放松对短刀刀柄握持力度的瞬间，右手顺势将短刀刀柄由对手右手中抠出、攥住，抢夺过来

第三节　短刀防御短刀攻击

在战斗中，敌对双方挥舞手中的军用刀具相互劈刺的场面屡见不鲜，在以色列几乎每一名新兵都会接受这方面的技术训练。这项技术是比较复杂的，因为在格斗过程中，不仅要及时准确地躲避对手的利刃，而且要充分发挥自己手中武器的威力，所以动作必须非常娴熟，所掌握的格斗技术也必须是非常全面的。

一、短刀防御短刀劈刺

▲ 双方持刀互搏时，对手由我右前方突进，右手反握短刀高高举起，欲自上而下针对我上体展开劈刺

▲ 在对手上步发动攻击的一刹那，我右脚迅速向前上步，左脚向后蹬地，推动身体重心前冲，同时挥舞右臂，以右手握持短刀之刀刃为力点向外格挡对手持刀手腕外侧，阻遏其攻势

▲ 旋即，用右手短刀向外拨开对手右臂，身体猛然右转，左脚上步，左手顺势抓住对手右大臂外侧，用力向外推送

▲ 继而，快速移动脚步，由对手身体右侧绕至其身后，左手抓住其肩背，右臂顺势向前伸展，右手挥刀横架于对手脖颈之上，彻底将其降伏

二、短刀防御短刀挑刺

▲ 实战中，双方展开短刀互搏

▲ 对手率先发动攻击，上步前冲，右手正握短刀自下而上挑刺我腹部，我迅速挥舞右手短刀，以刀刃为力点向前下方迎阻对手持刀手腕，化解其攻势

▲ 继而，右脚向对手身体左外侧蹿进，右手持刀猛然内旋，随身体重心向右前方过渡之势，横刀以刀刃划向对手脖颈

▲ 动作不停，无论刀刃是否触及对手咽喉，都要迅速移动脚步由对手身体左侧绕至其身后，左手顺势抓住其肩背

◀ 旋即，双脚蹬地、纵身跃起，用左手扣按对手面部，扳揽住其头部，右臂顺势向前伸展，屈肘以右手短刀刀刃控制对手咽喉部位

三、短刀防御短刀直刺

◀ 双方对峙，我右手正握短刀，严阵以待，对手右手正握短刀，欲朝我胸部发动直线攻击

◄ 对手上步直刺的一刹那，我右脚迅速向右外侧移动脚步，身体顺势左转，及时避让刀锋，同时挥舞右臂，以右手握持短刀之刀刃为力点向外推挡对手持刀手腕内侧，化解其攻势

▲ 旋即，右脚向对手身体左外侧蹿进，上体右转，右手持刀猛然内旋，随身体重心向右前方过渡之势，横刀以刀刃横切对手脖颈，予以反击

▲ 继而，无论刀刃是否割断对手喉咙，都要迅速移动脚步由对手身体左侧绕至其身后，用左手扣按对手面部，扳揽住其头部，右臂顺势向前伸展，右手挥刀横架于对手脖颈之上，彻底将其制伏

四、短刀防御短刀削砍

◀ 双方交手，互持短刀，伺机而动

▲ 对手右手正握短刀，率先上步发动攻击，自内向外挥舞手臂，欲以刀刃为力点削砍我头颈。我迅速身体右转，左脚向左外侧移动脚步，及时避让刀锋，同时挥舞右臂，以右手握持短刀之刀刃为力点向外推挡对手持刀手腕外侧，阻遏其攻势

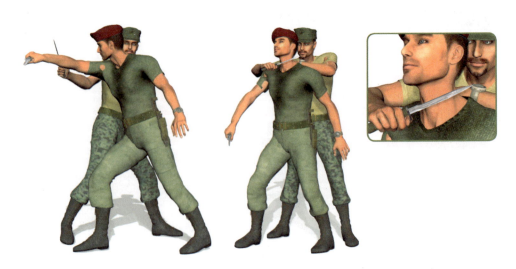

▲ 旋即，左脚向对手身体右外侧蹿进，上体右转，用左手抓住其肩背，右臂顺势向前伸展，右手挥刀横架于对手脖颈之上，彻底将其降伏

▲ 如果对手挥舞短刀由外向内削砍，我可以迅速向左侧闪身，避让刀锋的同时，抬起右臂，以右手握持短刀之刀刃为力点向外推挡对手持刀手腕内侧，阻遏其攻势

◄ 旋即，右脚向对手身体左外侧蹿进，上体右转，右手持刀猛然内旋，随身体重心向右前方过渡之势，横刀以刀刃横切对手脖颈

▲ 继而，无论刀刃是否触及对手喉咙，都要迅速移动脚步由对手身体左侧绕至其身后，左手顺势抓住其肩背，右手持刀由其背后发动攻击，捅刺对手右侧肋部

短棍攻防 第五章

　　短棍是街头打斗与军警特情人员防暴治安过程中常见的攻击性武器。抡动起来的棍棒，由于惯性和离心力的作用，其前端瞬间会产生巨大的破坏力。它的另一个明显的优势是，棍棒能让你的手臂得到延伸，这无形中让你对格斗距离的掌控更加主动了。

　　短棍的种类非常多，常见的有单体防暴棍、伸缩警棍，材质有橡胶的、金属的、木质的。此外，生活中类似棍形的、可用于攻击的东西更是随处可见，比如棒球棒、高尔夫球杆、雨伞等。

　　正因为这种武器的攻击特性和应用广泛性，KRAV MAGA格斗体系专门开设了短棍攻防课程，学员一般都会像学习短刀攻防技术那样花费同样的时间来学习短棍的攻击、防御以及抢夺技术。

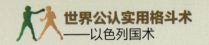
第一节　短棍的攻击技术

短棍不仅可以用来攻击对手的头、颈、脊椎等要害部位，也可以攻击诸如胃部、生殖器等身体软组织。在击打脂肪较少的肢体部位，如手掌、肘部、小臂、胫骨时，其巨大的杀伤力更是令人胆怯。

从力学角度而言，一根挥舞起来的棍棒，其产生的破坏力是非常惊人的。我们可以想象网球运动员发球时的动作，一名专业的网球选手能让一枚网球以225千米/时的速度攻出，若是让他手持一根木棍来击打一个目标呢？结果不言而喻。

与挥舞网球拍不同的是，利用短棍展开攻击的技术动作更加多样，你不仅可以朝对手的任何身体部位抢击，而且可以用短棍的一端去戳击。KRAV MAGA 的格斗教练会提醒你，在真实的徒手打斗中，如果能够随手抄起一根短棍，那么战斗基本上可以说胜利一半了。尤其是在面对多名对手的情况下，这根短棍绝对会令战斗人员如虎添翼。

一、短棍劈击

短棍的劈击是指一手握持短棍，自上而下或者朝斜下方抢击目标，仿佛挥舞刀剑劈砍。实战中，注意掌握好攻击距离，尽量以短棍的前端为力点袭击目标，因为棍棒越靠近前端，运动速度越快，在离心力作用下，前端的破坏力最大。

▲ 挥舞短棍自上而下朝正前方劈击对手头部

二、短棍抢击

　　短棍的抢击基本上是由侧面展开进攻的，挥舞手臂的动作有点类似用短刀削砍，一般也是有去有回的。其主要特点是，动作隐蔽、快速，攻击威力强。在实施攻击时，也是强调注意用短棍的前端为力点袭击目标。

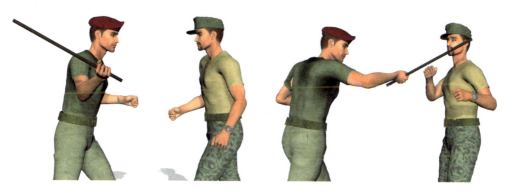

▲ 右手握持短棍，由侧面抢击对手头部

三、短棍戳击

　　短棍的戳击一般是用双手端握短棍，然后沿直线向前送出，以短棍前端为力点戳刺对手身体。短棍戳击多用于攻击对手身体的柔软部位，具有突发、简捷、高速、机动灵活的优点。

▲ 双手端握短棍，以短棍前端为力点攻击对手腹部

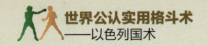
第二节　徒手防御短棍攻击

　　针对短棍攻击的防御一般有两种形式。一种是非接触性的防御，即躲闪，主要是靠脚步的灵活移动，通过调整格斗距离来实现；另一种是接触性的防御，即用手臂去格挡对手挥舞短棍的手臂，在化解其攻势的同时实施反击。

　　相比较而言，后者比前者要主动些，实战中运用概率也比较高。

一、针对短棍劈击的防御

▲ 实战中，对手高举短棍，横冲而至

▲ 对手挥舞短棍自上而下朝我劈击过来，我迅速向左侧闪身，左脚上步，同时抬起右臂，以右大臂外侧为力点向右侧格挡对手右臂外侧，化解其攻势

◀ 旋即，身体右转，右手顺势向下捋抓对
手右臂，迫使其短棍击空

▶ 动作不停，以左拳连续攻击对
手头部

◀ 继而，在双手控制住对手右臂的前提下，
可以抬起右脚连续踢击对手腹股沟

107

二、针对短棍抡击的防御

▲ 对手右手握持短棍，横向抡击

▲ 我迅速向左侧伸展左臂，以左臂外侧为力点向左侧下方阻格对手右小臂，右手配合向左外侧推挡其右大臂位置，化解其攻势

▲ 旋即，左臂向前上方撩推，然后屈肘圈揽对手右臂，左手扣腕，牢牢控制住对手右臂肘关节外侧，令其右臂紧紧贴靠于我胸前，同时身体左转，右臂屈肘，以肘尖为力点横扫对手头部

▲ 继而，双手控制住对手右臂，并用力向怀中拉扯，迫使其尽量靠近自己，同时右腿迅速屈膝提起，以膝盖为力点向前猛撞对手裆腹部

三、针对短棍戳击的防御

▲ 对手双手握持短棍，快速逼近

▲ 对手以短棍前端为力点直戳我腹部，我迅速向右侧闪转身体，避让的同时伸出右手拨挡短棍前端

▲ 旋即，用右手牢牢抓住短棍前端，并飞起左脚猛踢对手腹股沟

▲ 进一步还可以挥舞右拳连续击打对手头部

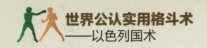
第三节　短棍防御短刀攻击

在本书第四章里，我们详细了解了短刀的徒手防御技术，我们知道持刀者在攻击徒手对手时，一般都会采用简单、直接的攻击方式，这是因为他们认为自己是占据绝对主动权的，锋利的刀刃相对毫无防护的肉体而言，优势明显。在徒手防御短刀攻击时，一般是利用自己的肢体去格架对手持刀的手臂，以达到遏制其攻击势态和改变其运行路线的目的，这种方式显然是非常被动的。

这时，如果拥有了一根棍棒，就可以用这件得心应手的武器来阻截对手短刀的攻击。用短棍的前端抽击对手的手腕，可以有效地阻遏他的进攻，甚至可以直接将其刀具击落在地。因为人的手腕部位肌肉脂肪单薄，相对而言是比较脆弱的。棍棒在抡动过程中产生的巨大惯性和由此而催生出来的打击力量是绝对不可小觑的。事实上，经过格斗专家们的实践证明，有时棍棒的威力甚至远远超过了短刀。利用短棍抵御短刀攻击的另一个优势是，你可以更加有效地控制与对手之间的距离，因为棍棒无形中已经延长了你的手臂，在更加有利于进攻的同时，也使你远离了刀锋的威胁。

同时，当攻击者意识到对手并不是赤手空拳的时候，就不会有恃无恐地发动进攻，在发动攻击时，他势必会有所忌惮。从心理层面而言，被攻击者较之前的徒手应对短刀攻击的局面要占据了一定的优势，这一点在实战中对于被攻击者来说是非常有利的，它可以为其赢得更多的反应时间。

一、短棍防御短刀劈刺

◀ 实战中，对手从正面展开攻击，右手反握短刀，逼近我实施劈刺

▶ 我右脚迅速向右前方上步，身体顺势左转，及时避让对手的刀锋，同时挥舞右臂，抡起右手所持短棍，自右向左用力猛击对手右手腕部内侧，迫使其进攻路线发生偏移，从而达到防御目的

◀ 旋即，在对手尚未及时发动第二轮攻击之时，右臂迅速内旋，右手持短棍沿对手右臂向前推进，猛然向右侧横扫对手面部，予以重击

▲ 继而，快速调整脚步，移动至对手身体左后方，继续抡动短棍实施连续的劈砸

二、短棍防御短刀挑刺

▲ 双方交手，对手右手正握短刀，由我正面自下而上朝我裆腹部展开挑刺，我右手持短棍，严阵以待

▲ 在对手身体重心前移，右手短刀向前攻出的瞬间，我右脚迅速向后撤步，躲避刀锋的同时，右手持短棍向前下方猛抽对手右手腕部，以化解其攻势

▲ 旋即，身体猛然右转，迅速用左手配合右手一并握持住短棍，翻转手臂，自弧形向左前方横扫对手头部，实施有效反击

三、短棍防御短刀直刺

▲ 实战中，对手右手直握短刀，由我正前方发动进攻，我右手持短棍，蓄势待发

▲ 对手突然上步，右手持短刀朝我上身直刺而来，我迅速抬起右臂，挥舞短棍，自右向左用力横扫对手右腕内侧，迫使其进攻路线发生偏移，从而达到防御目的

▲ 随即，右脚快速向前上步，身体左转，右手持短棍向外推格对手右臂，令其刀锋远离我身体

▲ 动作不停，在对手尚未及时发动第二次攻击之时，右手持短棍猛然向右侧横扫对手头颈部，予以重击

四、短棍防御短刀削砍

◀ 实战中，双方持械对峙，对手右手
正握短刀

◀ 当其右手握持短刀，针对我上体，自
内向外、由左朝右实施削砍攻击时，我
左脚迅速向左外侧移动，闪身避让刀锋
的同时，立即抬起右臂，挥舞短棍，自
左向右用力猛抽对手右腕外侧，以阻遏
其攻击势头

◀ 旋即，右脚上步，逼近对手，身体向左侧拧转，用左手配合右手一并握持住短棍，翻转手臂，沿弧形路线猛抽对手头颈右侧

◀ 继而，调整脚步，移动至对手身后，针对其后脑，可以挥舞短棍实施连续的砸击

防御枪支威胁   第六章

　　枪支是一种杀伤性极强的热兵器，在战斗过程中，它已经成为用来制伏和消灭敌人的最简捷的手段。

　　在现代反恐战争中，特种兵和防暴警察们经常会与持枪歹徒对峙。世界各国的反恐精英们，都要专门学习徒手夺枪技能，并进行有针对性的训练。比如美国的"海豹突击队"、法国的"红色贝雷帽"、中国的"雪豹突击队"等，都有一套自成体系的夺枪教程，足见其重要性。

　　以色列 KRAV MAGA 格斗体系也对防御枪支威胁格外重视，不仅有常规的防御手枪威胁训练，而且会教授学员如何应对长枪威胁，以及特殊环境下（如车辆内、倒地状态）的防枪技术。

　　KRAV MAGA 格斗体系在教授学员应对枪支威胁时，要求遵循如下基本原则。

　　★当遭遇持枪威胁，被命令举起双手，或者被胁迫交出钱物时，你首先要做的是佯装顺从，在时机还不成熟的情况下，万万不可贸然行事。应尽量表现出愿意合作的态度，缓缓举起双手，通过假装害怕来麻痹对手。

　　★在实施防御反击的最初，应该尽量用最小的动作来改变对手枪支的指向，令其武器偏离攻击轴线，要以最快的速度逃出对手枪械的射击范围。

　　★要果断地施展格斗技术，迫使对手放松对枪械的握持，并抢夺下来，据为己有。

　　★一旦武器到了自己手中，立即控制局面，然后喝令对手跪下或者服从你指示。这一点很重要，因为假如对手还有同伙，你可以挟持这名俘虏作为人质，更有利于保全自己。

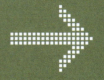

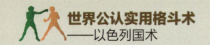

第一节　防御手枪威胁

实战中，手枪带来的威胁是最常见的。其特点是威力大、隐蔽性强、便于携带，而且在西方一些国家枪支是可以自由买卖的，其获得渠道非常宽松。

手枪的威胁一般都是近距离的，甚至会将枪口直接抵顶在对手的身体或者头颅上，正是由于这一点，也就决定了针对手枪威胁进行防御的特殊性。

具体操作时，要求抢夺控制对手枪械的动作幅度越小越好，动作幅度越小，控制目标的距离越短，达到目的的时间越快，成功率就越高。

一、来自正面的手枪威胁

◀ 对手右手持枪由正面威胁我，其枪口指向我腹部部位

◀ 我假意顺从，趁其不备，迅速伸出左手，以手掌虎口部位推挡其手枪枪身

▶ 同时身体猛然向右拧转，及时闪开枪口射击线，左手抓住对手手枪枪管，并顺势拧转，右臂屈肘握拳抬起，蓄势待发

◀ 动作不停，左手扳拧其武器，上步逼近，挥舞右拳猛击其面部

▶ 旋即，右手回收，迅速抓握住对手手枪枪身部位，双手牢牢控制住对手武器

◀ 继而，双手同时用力沿逆时针方向扳转抢夺其手枪

▲ 夺下对手手枪后，迅速撤步后退，与对手拉开距离，举枪控制局面

二、来自侧面的手枪威胁

◀ 对手右手持枪由我身体右侧挟持我，其枪口指向我右侧腰肋部位

◀ 趁对手不备，我身体猛然向左拧转、躲闪开射击线，同时右手迅速抓住对手右腕根部，左手张开虎口，用力向外推挡其手枪枪身

► 旋即，左手牢牢攥紧其枪管部位

◄ 身体猛然向右转动，右手抓紧对手右手腕部，顺势后拉，左手攥紧枪管朝前下方推别，双手协同动作，瞬间可缴获其武器

◄ 成功缴械后，用右腿膝盖撞击对手裆腹部

三、来自身后的手枪威胁

◀ 对手右手持枪由我身后挟持我，突然将其枪口抵住我后背

▲ 我假意顺从，趁其不备，身体猛然向左后方拧转，左臂随势挥舞摆动，以手臂外侧为力点向左侧阻隔对手持枪手臂，及时闪开枪口射击线

◀ 施即，身体继续左转，与对手拉近距离，左臂向前上方撩推，然后屈肘圈揽对手右臂，左手扣腕，牢牢控制住对手右臂肘关节外侧，令其右臂紧紧贴靠于我胸前，同时右臂屈肘，借身体转动之势以肘尖为力点横扫对手头部

▶ 继而，双手控制住对手右臂，并用力向怀中拉扯，迫使其尽量靠近自己，同时右腿迅速屈膝提起，以膝盖为力点向前连续猛撞对手裆腹部

◀ 连续攻击之后，上体向左继续拧转，伸展右臂，右手张开虎口去抢夺对手武器

◄ 右手牢牢攥住对手手枪枪管，用力掰夺

►▼ 左臂夹紧对手右臂肘关节，右手用力向右下方扳掰，迫使其放松对武器的握持，抢夺对手武器

◀ 继而可以用右肘攻击对手头部，或者挥舞手枪以枪柄为力点击打对手太阳穴

第二节　防御长枪威胁

长枪包括霰弹枪、突击步枪等，相对于短枪而言，它的威慑力突出，伤害性也更大。但是长枪比较笨重，在近身格斗过程中，其灵活性比较差，因此，针对长枪的抢夺更容易些。

一、来自正面的长枪威胁

◀ 对手正面端长枪对我进行威胁

◀ 我趁其不备，迅速向右侧闪身，及时避开其武器的射击线，同时伸出右手，牢牢攥住枪管部位向外推送

▶ 也可以用左手抓握枪管，尽量将其向外推开

▲ 旋即，飞起左脚连续踢击对手腹股沟，或者挥舞右拳连续击打对手头部

▲ 继而，右臂屈肘，右手自对手左臂下方穿过，扣抓住对手所持武器枪身部位，左手攥住枪管向上推送

▲ 身体右转，上步进身，右手用力向后拉扯枪身，左手攥住枪管向前下方猛推，以枪管为力点磕砸对手面部。紧接着双手逆时针扳拧长枪，实施缴械

二、来自侧面的长枪威胁

▲ 对手由我身体左侧端长枪对我进行威胁

▲ 趁其不备，我身体猛然向左后方拧转，左臂随势挥舞摆动，以手臂外侧为力点向左侧阻格对手枪管部位，迫使其枪械的射击线偏转方向

▲ 动作不停，左脚上步，靠近对手，左臂屈肘向上扣揽住其枪身部位

▶ 旋即，身体左转，与对手拉近距离，同时右臂屈肘，借身体转动之势以肘尖为力点横扫对手下颌

▲ 继而，右手扣抓住对手枪支的枪托部位，左手攥紧枪管

◀动作不停，身体右转，右手用力向后拉扯枪身，左手攥住枪管向前下方猛推，以枪管为力点磕砸对手面部

▲ 双手逆时针扳拧长枪，实施缴械

三、来自身后的长枪威胁

▲ 对手由背后端长枪对我进行威胁

▲ 趁其不备，我身体猛然向右后方拧转，右臂随势挥舞摆动，以手臂外侧为力点向后阻格对手枪管部位，迫使其枪械的射击线偏转方向

▲ 动作不停，身体继续向右后方拧转，与对手面对面，右臂迅速屈肘扣揽住枪身，左手扣抓住枪托部位

▲ 旋即，抬起右腿，以膝盖为力点连续冲撞对手裆腹部

▲ 随后，右脚落步，上体前俯，左手抓牢枪托部位，右臂夹紧枪身，身体左转，以枪管为力点磕砸对手面部，迫使其放松武器，抢夺长枪。

地面打斗 第七章

　　KRAV MAGA 格斗体系在里奇费尔德创编初期是不含有地面打斗技术的，因为在你死我活的战场上，躺倒在地上与敌人搏斗是件非常不明智的事情。事实上，战场上的格斗往往是许多人的混战，而不是单纯的一对一的打斗。同时，中东地区的战斗环境极其恶劣，可能是在沙滩上，也可能是在海水里，抑或置身狭窄的巷道中，格斗动作会不同程度地受到场地与环境的限制。因此教官在对新兵进行培训时，经常会告诫他们，不要轻易被置于地面上。

　　但是，有这样一个不能回避的事实，现实中许多格斗最终的确是结束在地面上的，而且倒地后的那一时段，正是生死攸关的阶段。因为，实战中任何人都有可能被重拳击倒，或者被千变万化的投摔技撂倒，发生在地面上的格斗较站立姿态下的格斗的概率更高，更加原始、野蛮、无序，也更具破坏力。而有的时候展开地面打斗正是取得胜利的需要。地面打斗技术因其现实意义，而逐渐被世界各国特种部队列为格斗训练不可或缺的重要课程。

　　基于此种现实情况，以色列军事格斗专家艾兹克认为掌握一些实用的地面打斗技术，是非常实际的，也是非常必要的。于是在与里奇费尔德共同编创军用版本 KRAV MAGA 时，提议将一些实用的柔道或柔术元素加入进来。从此，以色列 KRAV MAGA 格斗体系中包含进来大量的地面打斗技术，都是非常实用和简练的、更贴近战场而非赛场的技术，这正是 KRAV MAGA 的原则所在。

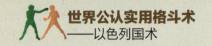
第一节　地面上的攻击与防御姿势

地面打斗中常见的身体姿势基本上可以划分为两类，一类为主动姿势，或者叫作攻击姿势，这种姿势更有利于率先发动凌厉的攻击，比如骑乘姿势、侧向压制等；另一类为被动姿势，或者叫作防御姿势，多用于被动防守，诸如封闭式防守、开放式防守等。地面打斗过程中的攻击与防御姿势，是学习地面打斗技术首先要掌握的最基本的技术。

一、背躺势

当被对手摔倒后，被袭击者所处的局面是非常被动的，要迅速扭转局面，保持冷静，立即摆出一种对自己有利的优势姿态，背躺势是最常见的一种地面防御姿势。

后背着地摔倒的一瞬间，迅速抬起头和双肩，含胸勾颈，下巴内收，双臂屈肘收护于胸前，双拳掩护面门，严密守护上盘。右腿屈膝回撤，尽量靠近臀部，以右脚蹬地，带动髋胯上提，令臀部与后腰脱离地面，仅以后背和右脚接触地面、支撑身体，同时左腿一并屈膝大幅度向上摆动，令膝盖尽量靠近前胸，带动左脚扬起，脚尖勾起，使脚底朝向对手，蓄势待发，随时准备挺膝蹬出。

在无法立即站立起来的情况下，当对手不断逼近，准备绕行至被袭击者身体侧面针对其头部和上体要害部位发动攻击时，被袭击者可以采用这种后背着地的姿态有效地进行防御，不断地、轮番交替地抬起一只脚朝对手蹬踢，阻遏其前进的同时，用另一只脚蹬踏地面，推动身躯快速向后移动。

▲ 以背躺势面对对手，可以轮番蹬踏双脚，以阻止对手靠近

二、侧躺势

　　当身体向左侧摔倒时，左腿迅速屈膝，左脚回收，尽量靠近臀部，左臂屈肘，以左小臂和左手接触、扶撑地面。同时，含胸勾颈，下巴内收，右臂屈肘掩护上盘。腰部向右侧弯曲，令上体和右侧腰臀悬离地面，仅以左小臂和左腿、左侧胯着地支撑身体，同时右腿一并屈膝大幅度向右上方摆动，令膝盖尽量靠近右侧前胸，带动右脚扬起，脚尖勾起，使脚底朝向对手，严阵以待，随时准备展膝蹬出。当身体向右侧摔倒时，动作要领是相同的，唯方向相反而已。

▲ 侧躺势面对对手时，可以用侧踹腿攻击对手膝盖和胫骨部位，阻截其进攻

三、骑乘势

骑乘势是地面打斗中最常见、最主流的姿势，也是最具优势的姿势。因为骑乘在对手的躯干之上，四肢没有受到任何约束，而且全部体重都倾压在对手身体上，居高临下，可以轻而易举地挥拳摆臂击打对手的脑袋。对手此时因为受到地面空间上的制约，很难施展攻击性拳法，即便打出一拳，也因为手臂无法向后挥舞、腰部不能转动助力，而导致攻击软弱无力。

在形成骑乘势的时候，要注意两腿以及膝盖部位一定要夹紧对手的身体两侧腰肋位置，并以双腿膝盖顶靠在对手双侧腋窝下，将其身体牢牢固定住。在这种姿态下，才能令对手处于被动挨打的局面。

◀ 地面打斗过程中，对手处于被动局面，仰躺于地面，我双腿屈膝跪地支撑身体重心，以臀部骑坐在对手腰腹部上方，双膝内扣、夹紧，双脚以脚背着地，上体略向前俯身，势如骑乘于马背之上，可以轻松地驾驭对手

四、侧向压制

侧向压制是指由对手身体侧面实施动作的压制技术。一般情况下，取得这种姿势后，对手是很难逃脱的，无论他是左右翻滚，抑或上下颠簸，都将是徒劳之举。

▲ 对手仰面躺在地上，我位于其身体右侧，实施动作时，上体前扑，并用双臂圈抱住对手左臂，令其置于我左肩头上方，同时将躯干和胸部紧紧贴压住对手的躯干和胸部，迫使其后背牢牢固定在地面，无法翻滚与挣脱。在控制住对手上体的前提下，双腿屈膝前提，以膝盖分别顶住对手脖颈和腰胯部位，防止对手挣脱

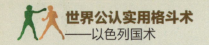
五、封闭式防守

　　封闭式防守是地面打斗中最常见、最基本、也是技术含量最高的一种防守姿势。封闭式防守是仰躺状态下用两条腿屈膝环扣在一起、锁夹住对手腰部而形成的一种防守方法。腰部是人体运动发力的中枢，通过双腿的夹持，不仅可以使对手做出的动作难以彻底发挥威力，而且可以导致对手与自己保持一定的距离。实践证明，封闭式防守是地面防守技术中最为实用的防守姿势。

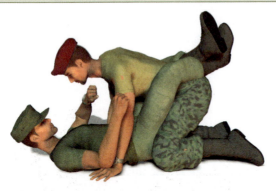

◀ 地面打斗中，我处于被动局面，仰躺于地面，两腿分开，对手双腿屈膝跪伏于我双腿之间，准备实施攻击。我迅速抬起双腿，屈膝勾搭于对手腰胯两侧，双脚脚踝勾搭相交，将对手腰部牢牢圈揽锁住

六、开放式防守

　　开放式防守是相对于封闭式防守而言的，是说两条腿没有扣锁在一起，而是完全打开的，但是仍然是处于正对着对手，并控制着对手的某一个身体部位的状态。

◀ 开放式防守是一种非常利于逃脱的防守姿势，用双脚蹬踏对手的身躯，可以迅速拉开与对手的距离

第二节　地面打击方法

　　在与对手处于地面打斗之时，应该使用一切可以使用的肢体武器来攻击对手，比如用牙咬对手的耳朵、用手指挖对手的眼睛，要在最短的时间内给对手造成创伤，然后迅速摆脱地面纠缠。

　　要注意的是，地面上使用的打击动作与站立状态时使用的肢体攻击动作，在攻击速度和力量发挥上，是存在一些差异的。

一、直拳

▲ 骑乘在对手身上或者位于下位防守姿态时，都可以用直拳击打对手头部

二、捶击

▲ 取得上方优势时，可以挥舞手臂，以拳轮为力点向下连续砸击对手头部。这种击打方式在各种 MMA 比赛中经常可以见到

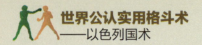
三、肘击

▲ 地面打斗中，无论是处于上位还是下位，用坚硬的肘尖攻击对手，是极为常见的打击方式

四、膝击

▲ 当取得了上位优势时，可以抬起一条腿，以膝盖为力点冲顶对手头部或者肋部，攻击威力不可小觑

五、头撞

▲ 以前额头骨砸击对手面门、鼻梁等相对脆弱的部位，往往可以令对手瞬间鼻口蹿血

六、抠掐

▲ 用手指抠掐对手的眼睛，常令对手防不胜防，手段虽然残忍，但效果十分显著

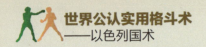

第三节　逃脱技术

KRAV MAGA 专家莫尼·艾兹克经常告诫学员，学习地面打斗技术，不是为了运用这种技术，而是为了更好地对付这种技术。他会不断地强调——不要和对手纠缠，因为实战中的地面战斗不同于 MMA 比赛，对手可能根本不会使用什么扼绞技、降伏技。相反，他随时会拔出一把尖刀割断对手的脖子，而且他在使用武器时也没有什么裁判叫停。所以一旦被迫处于地面战斗阶段，最明智的应对策略就是要想办法尽快脱离对手的纠缠，立即重新站立起来。

一、离地站起

◀ 地面打斗时，我被对手用双腿锁住腰部，为了摆脱这种被动局面，我可以用拳头连续猛击对手头部

▲ 也可以用拳头使劲捶击对手腹部，迫使其放松双腿的夹持，然后用双臂向下抵顶对手双腿，迅速蹬地站起来

▲ 起立的过程中，可以继续用拳头击打对手裆部，身体配合用力向后挣脱

二、圈捕翻滚

◀ 当我仰躺于地面，被对手骑乘时，我迅速屈肘，用双臂护住头颈和胸部，防范对手挥拳捶击或者针对我脖颈实施绞技

▶ 在对手尚未发动攻击的一刹那，我猛然做"起桥"动作，以肩背为支点，双脚猝然用力蹬地，推动腰胯挺起，令臀部脱离地面，瞬间发力可将对手掀至我头顶上方

▲ 在对手双臂扑扶地面的瞬间，我迅速抬起左臂，屈肘向内圈揽住对手右大臂，牢牢控制住对手上体，迫使其胸部紧贴我胸部。几乎同时，我左腿屈膝，左脚后收，以脚跟向后、向内勾夹住对手右侧脚踝位置，右脚尽量回收，靠近自己的臀部，防止被对手用左脚勾住，右手推抓对手左侧肩头

◄ 旋即，双脚蹬地，腰髋用力向上提起，在臀部脱离地面时，右脚继续蹬地助力，促使整个身体猛然向左侧翻转，同时左手扣抓住对手右侧肩头，配合身体的翻转用力向左侧拉扯，右手一并使劲推送其左侧肩头，周身协调动作，瞬间翻滚身体将对手向我身体左侧掀翻，顺利逃脱的同时也迫使对手处于下位

▲ 身体由下翻上后，双腿屈膝跪地，可顺势屈肘，以肘尖碾压对手腹股沟位置，或者挥拳捶击其裆腹部

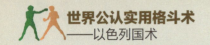

三、虾行逃脱

shrimping 也有人称作 hip escape，意思是臀部逃脱法，即利用臀部与髋关节的扭动来实现逃脱的方法。由于动作起来很像一只大虾伸缩着身体在水中游行，故而形象地把它叫作"虾行"。

◄ 对手骑乘在我身体上，当他还未俯身对我实施进攻时，我突然挺腰抬髋，将对手向我头顶上方掀动

▲ 随即，身体略微向左侧拧转，右手按住对手右腿大腿根部髋关节位置，左手按住其右腿接近膝盖部位，左腿随身体的转动略微伸展、平放，右腿屈膝向后移动，右脚尽量回收，靠近自己的右侧臀部

◄ 动作不停，右侧臀部抬起，以左侧躯干着地，双手同时用力推撑对手右腿，右脚配合蹬地，将腰胯翻转并向右后方移动，令躯干和右腿呈 90° 角，左腿屈膝，膝盖部位顺势由对手两腿间抽出

▶ 动作不停，身体再向右拧转，令后背着地，左腿随之内旋，以膝盖扣住对手右侧腰肋部位

◄ 此时，左脚即可顺利地从对手双腿间抽出

▲ ▶ 旋即，左腿屈膝，左脚向自己的左臀部附近落步、踏实，身体略微向右侧拧转，右腿随身体的转动略微伸展、平放，同时左手按住对手左腿大腿根部髋关节位置，右手按住其左腿接近膝盖部位

▶ 继而，身体猛然向右拧转，左侧臀部抬起，以右侧躯干着地，双手同时用力推撑对手左腿，左脚配合蹬地，将腰胯翻转并向左后方移动，右腿屈膝，膝盖部位顺势由对手两腿间抽出

◀ 将右腿顺利抽出的瞬间，身体再向左拧转，令后背着地仰躺。随即可以用双腿扣锁住对手的腰部，顺利逃脱对手骑乘并转变为对自己有利的封闭式防守姿态

第四节　关节锁技术

　　关节锁技术主要是巧妙地利用杠杆原理，针对对手四肢及其各关节部位实施的锁拿和控制手段，是一种非常节省力量，又威力巨大的降伏技术。这种技术可以使一名强悍的对手瞬间屈服，原因在于，肌肉再强壮的人，其关节也是脆弱的。尤其是针对手臂运用的降伏手段，适用于不同对象在不同情况下施展运用，其实用价值和应用效果非常显著，对于经常执行危险任务的特种兵、警察、特情人员而言，更具有现实意义，在以色列国防军的日常擒捕训练当中，也被列为主要学习科目。

一、手臂十字固

　　手臂十字固是关节锁技术中最具代表性的技术，在地面战斗术中是应用最广泛的。具体实施时敌我双方处于胶着状态，彼此身体呈十字形交叉，故而得名。这种锁技不仅可以导致对手肩、肘关节损伤，而且还可以达到将对手牢牢固定于地面的目的，令其无法翻滚、逃脱，最终在无法忍受手臂剧痛的情况下，屈服认输。

◀ 对手将我摔倒后，由我两腿间扑将上来，挥舞拳头发动攻击，我迅速用双腿勾锁住对手腰部，以封闭式防守控制住对手

▲ 在对手用右手抓掳我胸襟，准备进攻时，我立即用右手扣按住对手右手腕部，将其牢牢贴按于我胸前，同时用左手托抓住对手右大臂及肘关节外侧位置

▲ 旋即，双腿放松针对对手腰部的锁控，臀部猛然向左侧转动，身体于地面上沿逆时针方向摆转，右腿抵压对手左侧胸肋部，使自己的身躯与对手的身躯形成垂直状态

▲ 在用右腿压制住对手上体的同时，左腿屈膝向上抬起，以膝窝部位勾挂住对手脖颈部位

◀ 动作不停，双腿并靠、夹紧对手右臂，一并用力向下压制对手的脖颈和右侧胸肋部位置，瞬间挺腰发力可将对手由跪伏状态翻转为仰躺之势

◀ 对手后背着地瞬间，双腿牢牢压制对手上体，双脚脚踝交叉勾搭在一起，双手捋揽住对手右臂，腰部挺直，头部抬起，上体顺势向后仰躺，双手向后拉扯的同时将其右臂彻底控制于我两腿间、躯干上方，并略微向上挺腰，形成手臂十字固

二、手臂锁

　　手臂锁是一种既省力，又极具破坏力的关节锁技术，可以针对对手的肘关节和肩关节造成不同程度的损伤，威力巨大，但动作简单，技术难度小，其实用价值和应用效果都非常明显。这种技术不仅在地面打斗中常见，在站姿擒锁时也屡见不鲜，而且技巧的变化很多。

◀ 利用投摔技术将对手仰面朝天摔倒后，我于对手身体一侧迅速扑压在其身体上，用双臂圈抱住对手左臂，令其置于我左肩头上方，同时将躯干和胸部紧紧贴压住对手的躯干和胸部，迫使其被牢牢固控于地面，无法挣脱

▶ 不待对手反应，我迅速用右手抓住其左大臂部位

◀ 随即，用力向右侧拉扯对手左臂，同时身体重心向前移动，以头部向前下方抵压其臂肘部位

▶ 旋即，抬起左臂去抓拿其左手腕部

◀ 待左手抓住对手左腕的同时，右手在对手左臂下内旋、翻转，然后扣按住自己左小臂上方

▶ 继而，上体猛然向右拧转，左手用力向右卜方推按，右于抓紧自己左于腕，配合左手动作向上提拉，以小臂撬动对手被锁手臂的肘关节，双臂协同动作，利用杠杆原理，针对其左臂实施向上的臂锁

第五节　窒息技术

　　窒息技术主要是针对咽喉和脖颈部位实施的绞索技术。压迫颈部侧面的动脉，致使大脑供血不足、缺氧，令大脑意识丧失，神志不清；压迫咽喉可导致呼吸困难，造成喉结、舌骨、气管损伤。

　　实战中无论对手体格多么强壮，四肢多么发达，他的脖颈都是脆弱的、不堪一击的，窒息技术一旦成功实施，就可以让他彻底屈服，放弃抵抗。

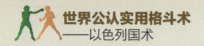
一、三角绞

▲ 地面打斗中，我处于下位，采取封闭式
防守，对手被我用双腿锁住腰部

▲ 发动攻击时，先放松双腿针对对手腰部
的夹持

▲ 旋即，用左手推拨对手右臂，同时抬起
右腿，屈膝向上抬起，以膝窝部位勾挂住
对手脖颈部位

▲ 动作不停，双手将对手右臂牢牢控制于
自己胸前，同时抬起左腿，以膝窝部位勾
挂住自己右腿脚踝部位，双腿配合协调，
一并发力锁紧对手脖颈，迫使其屈服

二、断头台

◀ 地面打斗中，我处于下位，采取封闭式防守，对手被我用双腿锁住腰部

▶ 我率先用右拳袭击对手头部

◀ 在对手向侧面躲闪时，我迅速用左手推撑地面，令身体向前探身，同时伸出右臂圈揽住对手的脖颈

▲ 旋即，右臂屈肘用力揽住对手脖颈，左手抓住自己右手腕部，双臂
配合，一并锁紧，上体猛然后仰，可导致其窒息

特情防暴应用 第八章

所谓特情防暴应用，就是指KRAV MAGA格斗体系在遭遇恐怖袭击、暴力犯罪等特殊情况时的应用，这比一般的格斗技术复杂、特殊，难度与风险也相应较大。它通常会涉及政要人物或者无辜的人质，所学知识与技能也非常专业，一般都是高级学员和教练才可以进阶来学习。

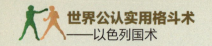

第一节　抢夺爆炸物

如果留意新闻报道，就会发现利用爆炸装置和手榴弹来袭击或者威胁生命，并且造成大量人员伤亡的恐怖事件时有发生。这些威胁不仅仅局限于中东地区，也存在于其他国家和地区。

现阶段比较常见的用于恐怖事件的爆炸物主要是无柄手榴弹，也就是我们常说的"手雷"。

手榴弹有球形或卵形，也有筒形的，引信为弹性延时或触发。投掷距离相对较近，落地后方便滚动。表皮上有刻痕，或者内部装含大量钢珠，爆炸时碎片数量多且方向均匀，威力巨大，杀伤力很强。

面对一名手持手榴弹的恐怖分子，没有经过专业训练的人，会感到无比的恐惧和束手无策，至于如何成功将其抢夺下来，更是无从谈起。

KRAV MAGA 格斗专家在讲授针对爆炸物进行抢夺的课程时，会首先讲解、展示相关爆炸物的原理与构造，这是非常必要的，因为只有在充分了解了这些知识后，才可能有针对性地采取应对策略。

一颗手榴弹一般包括两个最重要的组成部分：易燃物和触发装置。易燃物被点燃后产生大量急剧膨胀的气体，造成爆炸。不同的手榴弹有不同的用途，其填装的可燃物也有不同的爆炸效果，有的会产生火焰导致燃烧（燃烧弹），有的只产生浓烟（烟雾弹），有的产生巨大的亮光（闪光弹），有的声音巨大，有的声音小些。

触发装置的工作原理是，拉环上连着安全栓，安全栓是一个针，将手柄固定住，手柄将撞针固定住。使用的时候，按住手柄，拔掉安全栓。这时因为按住了手柄，手榴弹不会被击发。一旦扔出手榴弹，在弹簧的作用下，手柄脱落，撞针下落，撞向下面的火帽。在火帽和引爆装置间有一段导火索，起到延时作用。火帽被撞击点燃导火索，最后由引爆装置引爆火药。

从恐怖分子手中抢夺手榴弹时，要注意以下事项。

★抢夺者一般都是由对手身后或者侧后方趁其不备突然发动攻击，正面实施抢夺是非常危险的，抢夺者的轻举妄动，会令对手瞬间撒手投掷，后果将不堪设想。

★首先要牢牢控制住对手握持手榴弹的手臂腕部和手部，以阻止其松手或投掷。

　★从对手手中夺出手榴弹后，要将手柄紧紧握在自己手掌中，然后迅速寻找安全栓，或者将其尽可能远距离地投掷到空旷无人的区域。

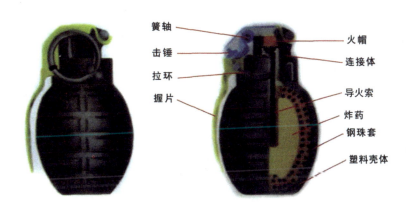

簧轴
击锤
拉环
握片
火帽
连接体
导火索
炸药
钢珠套
塑料壳体

▲ 82-2 式全塑无柄钢珠手榴弹的构造解剖图

▲ 恐怖分子右手握持爆炸物，对人群实施威胁，我躲在其身后，准备进行抢夺

▲ 必须在其毫无察觉的情况下，才可以发动攻击，突然逼近

▲ 左手突然抓住对手右手腕部翻拧，同时右手扣抓住其右手手指及所握持的爆炸物

▲ 旋即，身体左后转，双手协同动作，一并用力向左后方拉扯、翻拧，令其身体重心失衡而向后跌倒

▲ 对手倒地后，要尽量将其手臂拉直，双手始终要牢牢控制住对手右手及其手中的爆炸物

▲ 对手倒地后，可以抬起左脚连续踢踹对手头部，继而在其头晕目眩之际，迅速将其手中的爆炸物抢夺下来

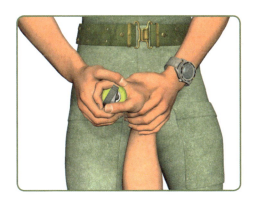

◀ 实施抢夺时，左手要牢牢控制住对手右腕，右手先向下推压，迫使其放松对爆炸物的握持，然后用力抠抓爆炸物

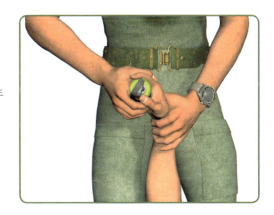

▶ 右手抠到爆炸物后，要牢牢攥住手柄，绝对不能放松或者令其脱落

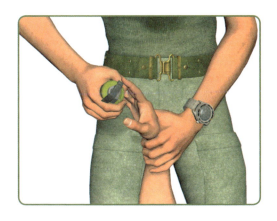

◀ 右手攥紧爆炸物，用力从对手手中夺出，左手配合右手动作一并用力拉扯其右腕，成功抢夺

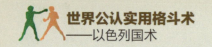

第二节　保护政要

本节所提及的"政要"，不仅指军政高官要员，也包括那些重要的、需要特别保护的犯人、证人等。在以色列以及中东其他特殊政治环境下的国家里，刺杀、暗杀事件屡见不鲜，所以保护政要已成为军警、保安人员必须掌握的基本技能。美国的以色列军警格斗术总教练戴瑞·列维尼（Darren Levine）就明确指出："一套完善的防卫技术必须包含保护第三者的内容。"

KRAV MAGA 格斗体系中对付持枪袭击的内容，是世界军警界公认的最好的格斗技术，其中包含在复杂情况下如何保护政要的好方法。像其他防卫技术一样，保护政要的技术被 KRAV MAGA 格斗专家格外重视。但是前提是，要熟练掌握在身处危险境地时正确应对枪械威胁的方法，对于各种武器攻击的防御、反击与抢夺技术都达到炉火纯青的地步。之后，才可以进入"保护政要"和"解救人质"这两个阶段的学习和训练。

作为保卫人员，在具体实施安保任务时，要注意以下事项。

★时刻牢记职责，保护要员的安全是第一位的，必要时甚至需要用你的身体去阻挡子弹。

★抢夺袭击者手中武器的同时，要迅速将被保护者推出对手的射击范围，尽量将其掩护于自己身体后面。

★成功将袭击者的枪支缴械后，要立即掉转枪口，朝向对手，同时掩护政要尽快撤退，不要与袭击者纠缠，防止被其可能存在的同伙暗算。

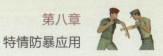

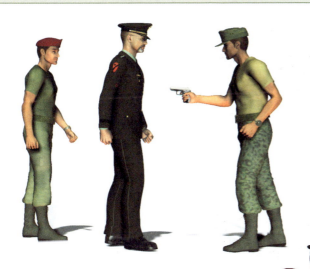

◀ 我位于长官身后左侧，对其进行保护，袭击者由长官正面突然拔枪，对其形成威胁

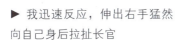

▶ 我迅速反应，伸出右手猛然向自己身后拉扯长官

◀ 同时快步前冲，用自己身体掩护长官的同时，用左手推抓袭击者手枪，迫使其枪口偏转朝向

◀ 继而，借上步前冲之势，挥舞右拳连续猛击袭击者头部

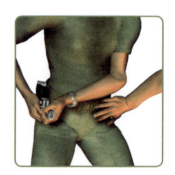

▲ 然后利用已经娴熟掌握的夺枪技术对其实施缴械

▶ 成功将袭击者的枪支缴械后，立即掉转枪口，朝向对手，同时拉开距离，掩护长官尽快撤离现场

第三节　解救人质

　　现在，大多数格斗体系的技术训练内容都会包含如何对付持枪歹徒袭击，但很少有教练教授学员当亲人或者朋友遭受威胁、挟持时，应该如何出手相助。事实上，第三方遭受劫持或被威胁的情况在有些地区是经常出现的，有针对性地学习这方面的知识是非常必要的，尤其是对那些战士和特情人员来说，更应该是必修课程。

　　在上一节中，我们介绍的保护要员的相关技术，是针对第三者被威胁或者遭受袭击的最初阶段，而解救人质则是威胁的更进一步，第三者所面临的威胁更大了，安保人员化解危机的难度也相对来说更高了。

▲ 人质被袭击者由背后用手枪挟持，我由其身后逼近，准备营救人质

▲ 必须在对手毫无察觉的情况下，才可以发动攻击，突然逼近

◀ 左手突然抓住对手右手腕部翻拧，同时右手牢牢攥住袭击者的手枪枪管，用力向上扳掰，令其枪口偏离人质

▶ 旋即，在左手死死控制对手右手腕部的前提下，右手攥紧枪管沿逆时针方向使劲翻拧，双手协调动作，成功缴械

◀ 将袭击者的手枪抢夺下来后，可以挥舞手枪连续砸击其面部

▲ 随后，迅速调转枪口，掩护人质撤退

第四节　以寡敌众

　　以寡敌众就是一个人面对两个或者两个以上对手的残酷打斗。对手可能是赤手空拳，也可能刀棍相加，情况相对于一对一的打斗要复杂、困难得多。因此，对付两个或者两个以上的对手，与对付一个对手，在策略和技术运用上是存在很大差异的。

　　KRAV MAGA 格斗体系在教授一人抵挡多人时，要求严格遵循如下基本原则。

　　★当面前出现一个对手的时候，要以最快的速度环顾四周，搞清楚对手是否还有同伙，心理上首先要做好准备。

　　★要时刻牢记，面对群敌，在条件允许的情况下，夺路而逃永远是首选。饿虎架不住群狼，逞强和自负是不明智的。

　　★如果不得不面临困境，投入到明显的力量不对等的群殴混战中，那么必须提高注意力，观察每一个对手的位置与动向，而不要过于专注于某一个看上去气焰特别嚣张的对手，而放松了对其他人的警惕。那样很容易顾此失彼。

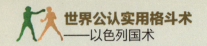
★要能够准确地判断出对方一群人中，孰弱孰强，然后首先去攻击那个比较软弱的对手，避实击虚，也就是俗话说的"先挑软柿子捏"。这样的攻击效果明显，同时可以起到震慑群敌的作用。

★尽量采取主动出击策略，避免总是被动防守，或者防守后再反击。

★想办法利用技术动作，迫使对手互相影响。可以拉扯或推操一个对手的身体去抵挡、化解另一名对手的攻击。

★学会使自己处于一个最利于格斗的位置，尽量让对手成一条直线，令其逐一靠近自己，各个歼灭，而不要让他们将自己包围起来，否则处于腹背受敌或者四面楚歌的局面将十分被动。

★格斗过程中，脚步一定要灵活，尽可能保持机动性。不要使用过多的近身缠斗技术，也不要与某一个对手过分纠缠，切忌将格斗拖入到地面打斗阶段。

★如果面临的现实情况是根本无法逃脱，只能进行破釜沉舟的决斗，在格斗过程中，就要尽量保护自己的后背，根据具体的格斗场地，想办法使自己背靠某些障碍物，比如墙壁或者车辆，背水一战，总比四面受敌好一些。

★如果对手手持武器，应该尽可能先解除并抢夺一件武器，在拥有武器的前提下可以挟持一名对手作为人质，威胁、阻遏其同伙。

▲ 前方与左后方两名对手分别手持短棍、短刀对我进行攻击

▶ 两名对手离我距离基本相等，但是考虑到棍棒的长度因素，其威胁相对于短刀更大些，所以应该先防御持棍攻击者

◀ 针对持棍者展开防御反击，在控制住其手臂的前提下，可以用膝盖连续顶撞其裆部，令其丧失战斗力

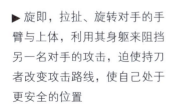

▶ 旋即，拉扯、旋转对手的手臂与上体，利用其身躯来阻挡另一名对手的攻击，迫使持刀者改变攻击路线，使自己处于更安全的位置

◄在持刀者犹豫、迟疑的瞬间，
突然起脚袭击其裆腹部

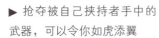

►抢夺被自己挟持者手中的
武器，可以令你如虎添翼

◄利用抢夺来的武器给对手
以致命的还击

后　记

笔者是 2005 年开始接触到 KRAV MAGA 格斗体系的,当时我的一位良师益友——哈尔滨师范大学孙学孟教授,应以色列运动、艺术与文化协会(MeOlim beTnufa Association)的邀请,赴海法、耶路撒冷、卡拉密也三市进行为期两周的中国武术讲座。出于相互学习、交流之目的,孙先生回国时带回来几本介绍以色列国术 KRAV MAGA 的希伯来文书籍。由于我一直致力于研究国外综合格斗运动(MMA),遂借来详细研读,无奈因文字障碍,只能按图索骥,但仍获益匪浅,并由此产生了进一步学习和考究的愿望。

可惜当时国内很难找到关于 KRAV MAGA 格斗体系的中文资料用来参考、借鉴,仅在《拳击与格斗》《搏击》等杂志上偶见几篇译自 BLACK BELT 的介绍性文章。为了系统地学习 KRAV MAGA 技术,笔者可谓煞费苦心,托国外的朋友帮助购买了大量英文 KRAV MAGA 书籍、教材和视频教学片,然后自行翻译,对照学习。

2008 年,终于见到一本国内出版的 KRAV MAGA 小册子,仔细拜读后发现,内文前半部分基本上是将别人在杂志上翻译的东西拿来做了一下汇编,至于后面大篇幅摆拍演示的格斗技术基本都是些散打、擒拿之类的东西,不免有鱼目混珠之嫌。

个人以为,编译介绍异邦技艺时,要像一名助产士那样,科学地将婴儿迎接到我们的世界来,然后原封不动地将其展示给产房外急切等待的家属。而不是自己去做一名产妇,生下一个带有自己特征和情感的孩子,然后告诉那名产妇的家人,这就是那个他们期盼已久的宝贝儿。

作为一名武术搏击运动的科研工作者,笔者对于那些东拼西凑、欺世盗名的山寨东西一向嗤之以鼻,本着"板凳宁坐十年冷,文章不写半字空"的原则,时刻提醒自己,要以客观、科学、严谨的态度来研究和介绍国外的格斗技术。做学问要实事求是,不要恣意夸大,也不要妄加贬低,要尽量将人

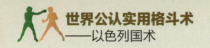
家的东西原汁原味地呈现给读者。

正是鉴于此目的，笔者将多年来搜集的关于 KRAV MAGA 的几十本外文资料进行了系统的翻译和整理，编撰了这本《世界公认实用格斗术——以色列国术》。

以色列国术 KRAV MAGA 格斗体系在内容上是比较丰富的，技术涵盖面也很广泛，由于篇幅所限，本书无法尽数将其全貌展示给大家，只能简明扼要地介绍，管中窥豹，所言内容不过沧海一粟而已。

在本书编撰过程中，尽管笔者做了大量的前期准备工作，付出了诸多心血和努力，但是鉴于个人实践经验和理论水平有限，书中仍难免存在这样那样的错误和偏颇，欢迎广大格斗爱好者关注我的微博（作者微博地址 http://weibo.com/mymma），通过微博发表意见和建议，大家互相学习交流，以便今后笔者再编撰其他相关书籍时借鉴、修正，为读者奉献出更加完美、严谨的作品。

作者 2013 年 6 月 10 日于冰城哈尔滨